T0098824

LA JUSTICE

LA JUSTICE

sous la direction de

Patrick WOTLING

PARIS

LIBRAIRIE PHILOSOPHIQUE J. VRIN

6, Place de la Sorbonne, Ve

—

2007

En application du Code de la Propriété Intellectuelle et notamment de ses articles L. 122-4, L. 122-5 et L. 335-2, toute représentation ou reproduction intégrale ou partielle faite sans le consentement de l'auteur ou de ses ayants droit ou ayants cause est illicite. Une telle représentation ou reproduction constituerait un délit de contrefaçon, puni de deux ans d'emprisonnement et de 150 000 euros d'amende.

Ne sont autorisées que les copies ou reproductions strictement réservées à l'usage privé du copiste et non destinées à une utilisation collective, ainsi que les analyses et courtes citations, sous réserve que soient indiqués clairement le nom de l'auteur et la source.

© *Librairie Philosophique J. VRIN*, 2007
Imprimé en France
ISBN10 : 2-7116-1804-8
ISBN13 : 978-2-7116-1804-0

www.vrin.fr

AVANT-PROPOS

Chaque volume de la collection « Thema » propose une approche pluraliste d'une notion susceptible d'être mise au programme des enseignements de philosophie générale. Il consiste dans un ensemble limité de contributions vouées chacune à l'analyse et à l'interprétation d'un moment significatif de l'histoire philosophique de cette notion. Afin d'éviter la dispersion des connaissances et d'ouvrir un accès aux doctrines mêmes, aux questions originales qu'elles soulèvent et aux profondes transformations qu'elles font subir à la notion, chaque volume consacre à ces seuls moments forts de larges exposés rédigés par des historiens de la philosophie spécialisés dans l'étude d'une période ou d'un auteur.

INSTITUER LE BIEN

La problématique philosophique de la justice dans l'Antiquité (Platon, Aristote, Épicure)

S'il est une antinomie que les philosophes grecs de l'Antiquité n'ont pas envisagée, c'est assurément celle du bien et de la justice, *agathon* d'un côté, *dikè* ou *dikaiosunè* de l'autre. Cette opposition moderne, qui tend en effet à admettre l'impossible conciliation du bien individuel et du juste collectif, a inéluctablement conduit à privilégier la recherche du juste dans les formes positives du droit, au nom d'une exigence d'universalité que la recherche d'un bien unique ne pouvait satisfaire, ne pouvait même que trahir. La défense, ou la promotion, d'un bien unique, englobant tous les autres, ne signifiait-il pas le rejet de nombreux biens ? Soutenir la nécessité de poursuivre un objectif unifié à l'échelle d'une nation, d'un État, revenait à contraindre fortement, et indûment, aussi bien soi-même que la société tout entière, et devait conduire tout droit, comme l'histoire en a fourni maint exemple, à diverses formes, des plus légères aux plus extrêmes, d'arbitraire et d'oppression, dont l'effet ultime était la négation du sacro-saint principe de liberté. D'objectif politique ultime, la visée d'un bien commun s'est ainsi trouvée, après les dérives totalitaires qu'a connues le XXᵉ siècle, définitivement bannie de l'horizon théorique. Le débat politique, désormais polarisé entre liberté et justice, a renvoyé la question du bien à la sphère individuelle et privée, et consacré la question de la justice comme seule valeur susceptible d'être poursuivie par la collectivité.

ANTÉCÉDENCE DU BIEN SUR LA JUSTICE

Force est de constater que cette scission entre bien et justice n'aurait eu à peu près aucun sens pour un philosophe de l'Antiquité, quelle que soit l'École considérée. Certes, bien et juste sont distingués, mais ils ne sont ni opposés, ni considérés comme indépendants, loin s'en faut, et tous s'accordent sur le fait que l'horizon de l'action humaine est le bien. S'il faut être juste, c'est donc parce que cela peut contribuer à la réalisation de la vie bonne, c'est-à-dire heureuse. Le philosophe s'interroge sur ce que peut être l'accomplissement le plus parfait de la vie humaine, s'efforçant lui-même de façonner sa propre vie en vue de réaliser le meilleur – tout le premier, il se donne pour objet, le plus essentiel et le plus universel, l'obtention du bien. Ainsi, la recherche du juste, dont la nécessité est reconnue par tous, s'inscrit par principe dans le cadre de la recherche du bien, et non l'inverse. Et même si des conflits théoriques nombreux traversent le débat philosophique sur le contenu à donner au bien, il est toutefois hors de discussion que le bien, en tant que ce qui vaut, est ce qui est d'abord et principalement cherché. La recherche de justice ne peut en conséquence être pensée qu'en fonction de cette quête, non pas comme une alternative, mais comme un moyen de l'accomplissement du bien. En somme, loin d'être le *requisit* unique, la justice est appréhendée comme un moyen indispensable de la réalisation du bien, éventuellement privilégié, mais néanmoins subordonné. Et si controverse il y a, elle peut porter sur la capacité à rendre compte et de la nature de la justice, et de celle du bien, éventuellement sur l'importance à accorder à la justice, voire sur sa nécessité [1], mais à aucun moment l'idée que la justice pourrait valoir indépendamment du bien n'est envisagée. Cette priorité du bien sur le juste, inverse de l'approche contemporaine dominante de la question, délimite ainsi le cadre général de la réflexion sur la justice menée par les philosophes grecs de l'Antiquité.

---

1. Si l'on prend en compte l'ensemble du débat intellectuel, incluant les positions sophistiques. L'on peut, pour prendre une vue d'ensemble des débats touchant le statut même de la justice, consulter mon étude *Les théories de la justice dans l'Antiquité*, rééd. Paris, Armand Colin, 2004 [1996].

Cela étant posé, on peut imaginer que surgisse d'emblée une question, qui consisterait à se demander si les philosophes de l'Antiquité n'ont pas été dans ce cas conduits *de facto* à privilégier l'individu par rapport à la collectivité, en réduisant la justice à n'être qu'un moyen de l'accomplissement du bien, entendu comme bien propre à chacun. Une telle opposition est certainement illusoire, et réellement erronée. Si l'on peut s'accorder sur le fait qu'en effet la pratique de la philosophie repose sur un acte individuel de conversion, et que la recherche du bien est menée effectivement à partir de soi, en aucun cas le bien recherché n'est entendu comme un bien purement individuel, défini comme un bien de soi, qui ne se rapporterait qu'à soi et ne vaudrait que pour soi. Tout au contraire, la caractéristique du bien, tel que s'attache à le cerner et à le réaliser la philosophie, est d'être d'emblée universalisable, de valoir pour soi aussi bien que pour les autres, sans la moindre tension[1]. C'est pourquoi la justice, dès lors qu'elle est appréhendée comme un moyen privilégié de la réalisation du bien, apparaît tout à l'inverse comme une question intéressant conjointement l'individu et la collectivité ; et la résolution générale des questions éthiques fondamentales doit dans le principe valoir pour l'individu comme pour la collectivité, ce que l'on vérifie, selon des accentuations différentes, et chez Platon et chez Aristote.

LA VISÉE UNIVERSELLE DU BIEN
ET L'IMPÉRATIF DE JUSTICE

La justice apparaît ainsi, en vue de l'accomplissement du bien, aussi nécessaire à l'individu qu'à la cité. Le sens réel du bien humain est de fait celui d'un principe universel, qui vaut en droit pour soi et pour chacun. Et il n'y a pas en vérité de bien qui vaudrait pour moi, et qui ne vaudrait pas pour un autre. De ce point de vue, la justice apparaît comme également nécessaire à la collectivité et à l'individu, car elle se

---

1. Le projet philosophique tout entier repose sur l'idée que la valeur du bon tient à son universalité : sans partage (de valeur), sans langage (où quelque chose s'échange), pas de communauté possible. Le bon, comme ce qui vaut, n'a de sens qu'en tant que, d'emblée, universel. Et en fait, rien de plus universel ne peut être donné.

donne comme un moyen incontournable de réalisation du bien humain (et en ce sens, il y a co-implication du bien et de la justice).

Si tel n'était pas le cas, si le bien se définissait d'abord par rapport à l'individu, à sa préférence propre (comme le soutient Calliclès, dans le *Gorgias* de Platon), nous tomberions en deçà de ce qui fait l'homme, cet animal destiné à vivre dans la communauté politique, dont le lien se fait par le *logos*, grâce auquel précisément il peut mettre en jeu le bien et le juste, ces éléments fondamentaux pour la cité, qui sont l'objet d'une visée commune. Le cadre de la réflexion antique pourrait à cet égard être circonscrit par deux séries d'extraits tirées d'Aristote.

De l'*Éthique à Nicomaque* d'abord, pour la prééminence du bien :

> Tout art et toute démarche, et de même toute action et tout choix semblent aspirer à quelque bien – c'est pourquoi l'on a défini à raison le bien comme ce à quoi toute chose aspire [...]. S'il existe donc quelque fin parmi les choses que nous pouvons réaliser, que nous voulons pour elle-même, tandis que nous voulons les autres en raison de cette fin-là, et si nous ne choisissons pas toute chose en vue d'une autre [...] il est évident que ce sera là le bien, c'est-à-dire le meilleur [1] ;

d'où l'on tire que :

> Puisque toute connaissance et tout choix tendent à quelque bien, quel est le bien auquel, disions-nous, la politique aspire, et quel est le bien qui se situe au sommet de tous ceux que l'on peut réaliser ? Sur le nom, la majorité tombe à peu près d'accord : c'est le bonheur (*eudaimonia*) en effet, disent aussi bien le grand nombre, que les personnes d'exception [2].

De la *Politique* ensuite, pour l'ancrage politique de cette recherche :

> la cité fait partie des réalités naturelles, et l'homme est par nature un animal politique, et celui qui n'appartient pas à une cité, en raison de sa nature et non par le fait du hasard, est soit un être misérable soit plus qu'un homme [...] l'homme est un animal politique, bien plus que n'importe quelle abeille et que n'importe quel animal grégaire. Car, comme nous le disons, la nature ne fait rien en vain ; or, l'homme est le seul des animaux à avoir un langage. [...] le langage a pour destination

---

1. *Éthique à Nicomaque*, I, 1, 1094 a 1-3, et a 18-22, trad. pers. (dorénavant cité *EN*).
2. *EN*, I, 2, 1095 a 14-19, trad. pers.

de manifester l'utile et le nuisible, ainsi que, par voie de conséquence, le juste et l'injuste. C'est en effet cela que les hommes ont en propre par rapport aux autres animaux : le fait que seuls ils aient la perception du bien, du mal, du juste, de l'injuste, et des autres notions apparentées. Or le fait d'avoir en commun de telles notions, c'est ce qui fait une famille et une cité [...]. Ainsi donc, que la cité soit à la fois naturelle et antérieure à chaque individu, cela est clair ; en effet, si tout homme, lorsqu'il est séparé de la cité, n'est pas autosuffisant, il sera dans la même situation que les parties par rapport au tout, et celui qui ne peut entrer en communauté, ou qui n'en a nul besoin en raison de son autosuffisance, n'est pas une partie de la cité, de sorte qu'il est ou une bête sauvage, ou un dieu [1].

Ce qui se dessine en effet entre ces deux séries de passages, c'est, pour Aristote mais aussi pour la majorité des philosophes antiques, le destin même de l'homme, dont la fin est ce bien (le bonheur) qui s'attache à sa nature d'homme, et dont le milieu, le seul à même de permettre la réalisation de ce bien, est la cité et le langage. Pour échapper à cette contrainte-là, il faudrait être un dieu, autrement dit un être parfaitement autarcique, sans besoin.

De l'homologie entre individu et cité
Platon et la justice absolue

Le bien recherché est donc un bien indissociablement individuel et collectif. Ainsi que l'affirme Aristote, lorsqu'il présente la politique comme science « architectonique » dans le domaine de l'agir humain :

La fin de la politique enveloppera les fins des autres sciences [pratiques], de sorte que c'est elle qui constituera le bien humain. En effet, quand même le bien de l'individu et le bien de la cité sont identiques, il apparaît plus important et plus parfait de saisir le bien de la cité et de le préserver : car s'il est réjouissant de saisir et préserver le bien même pour un seul individu, il est plus beau et plus divin de le faire pour une nation et des cités [2].

1. *Politique*, I, 2, 1253 a 1-19 et 25-29, trad. pers. (dorénavant cité *Pol.*).
2. *EN*, I, 1, 1094 b 7-10, trad. pers. L'idée que le bonheur de l'individu et celui de la cité sont identiques se retrouve dans la *Politique*, *cf.* VII, 2, 1324 a 5-13.

En cela, Aristote ne fait que retrouver, à propos de la recherche du bien humain en général, ce que Platon était amené à postuler à propos de la cité parfaite de la *République* :

> lorsque dans une cité quelconque, le plus grand nombre dit, pour la même chose et sous le même rapport : « ceci est à moi » et « ceci n'est pas à moi », ne se trouve-t-on pas là face à la cité la mieux administrée ? [...] c'est elle qui se trouve la plus proche d'un homme unique [1].

On pourrait objecter que cette conception organiciste de la politique est ce que Platon imagine, mais qu'elle ne correspond pas aux cités existantes. C'est un fait, mais précisément, c'est cela qui devrait être, et c'est cette organicité qui donne seule consistance à l'idée d'une cité accomplie, parfaite – ce que confirme Aristote, dans le principe, avec sa caractérisation d'un bien humain unique valant pour l'individu et la collectivité.

La démonstration est d'ailleurs susceptible d'être amplifiée. En effet, aux yeux de Platon – c'est en tout cas l'hypothèse qu'il formule dans la *République* pour parvenir à penser l'essence de la justice –, la question de la justice et de l'injustice individuelle doit se trouver résolue par une sorte d'élargissement, qui consistera à se référer à la justice et à l'injustice dans la cité. En effet, la cité est une réalité plus grande, et, partant, plus facile à observer :

> peut-être y aura-t-il alors, dans une réalité plus grande, une justice plus vaste, et plus facile à connaître. Donc, si vous le voulez bien, recherchons d'abord dans les cités quelle est sa nature ; ensuite, poursuivons l'enquête de la même manière sur ce qu'elle est en chacun pris individuellement, en enquêtant sur la ressemblance avec le plus grand que nous pourrons trouver dans la forme du plus petit [2].

Supposant une sorte de relation de microcosme à macrocosme, Platon semble espérer en effet que les éléments constitutifs de la justice dans le cas de la cité vaudront également dans le cas de l'individu, de sorte que la justice préexiste à l'individu, à la fois dans la logique de la découverte, mais aussi dans celle de l'être (au moins parce que la cité, effet immédiat du besoin, préexiste à l'individu,

---

1. *République*, V, 462c, trad. pers. (dorénavant cité *Rép.*).
2. *Rép.*, II, 368e-369a, trad. pers.

mais, mieux encore, parce que la Justice, en tant que réalité essentielle, préexiste à toute chose dite juste, homme ou cité). Ainsi, il faut aller de la cité vers l'individu, et appliquer en somme à l'individu ce que l'analyse de la cité aura permis de découvrir. Peut-on envisager que la justice, telle qu'on la découvre dans la cité, soit en réalité de nature différente de celle que révèlerait l'analyse de l'individu? Platon ne veut pas exclure cette éventualité, sans la prendre toutefois très au sérieux, car le détour par la cité a précisément pour objet de permettre la découverte de ce qui définit l'homme juste. Les dispositions qui expliquent la justice de la cité sont donc supposées permettre, par analogie, d'élucider les dispositions individuelles, et une correspondance parfaite est supposée exister entre la structure de l'individu et celle de la communauté humaine justes [1]. Ce sont donc deux réalités de niveau différent, mais elles se correspondent structurellement : « Ce que l'on appelle "même" pour le plus grand et le plus petit, cela est-il semblable ou dissemblable du point de vue qui le fait désigner comme identique? – Semblable, dit-il. – Et donc un homme juste ne différera en rien d'une cité juste, sous le rapport même de la forme de la justice, mais il sera semblable? – Oui, semblable, dit-il » (IV, 435a-b). On va ainsi découvrir que la tripartition interne à l'une va correspondre à la tripartition fondamentale constitutive de l'autre, de sorte que la question de la justice posée à propos de l'homme juste va se résoudre à partir de la considération de ce qu'elle est dans la cité juste.

En effet, l'analyse de la cité la révèle constituée par trois « espèces » de citoyens, qui se définissent par référence aux fonctions qu'ils remplissent dans la cité. Ces fonctions les amènent à mettre en œuvre une qualité ou vertu distinctive (qui est, selon les espèces, unique ou prédominante). De la sorte, cette cité sera parfaitement ordonnée si le meilleur (les gouvernants) domine l'inférieur (les producteurs) en s'appuyant sur la classe médiane (les gardiens auxiliaires). Ces classes doivent se déterminer en fonction des aptitudes de

---

1. Platon n'envisage en fait qu'une éventualité : que l'application de l'analyse de la justice dans la cité à l'individu révèle dans celui-ci « quelque chose de différent » de ce qu'avait révélé la cité, auquel cas : « nous reviendrons à nouveau vers la cité pour le mettre à l'épreuve, et peut-être qu'en les examinant l'un par rapport à l'autre, et en les frottant ensemble, à la manière d'un briquet, nous ferons briller la flamme de la justice » (IV, 434e-435a). Mais ce n'est là qu'une précaution méthodologique.

chacun à exécuter telle ou telle tâche. Ainsi, la tâche de protection se distingue de celle de production, qui est le socle de la cité, mais qui ne se suffit pas à elle-même. Et pour protéger la cité contre ses ennemis intérieurs ou extérieurs, il faut d'autres qualités que celles requises pour produire des biens (de l'agriculture à l'artisanat); c'est là l'objet d'une première sélection. Mais il faut encore distinguer de cette classe émergente des gardiens, ceux qui seront aptes à gouverner la cité : cette troisième fonction se distingue à son tour des deux autres de façon nécessaire, et suppose elle aussi une qualité distinctive, si difficile à atteindre qu'elle suppose une sélection très rigoureuse, et une formation qui ne l'est pas moins (qui sera envisagée ultérieurement, au cours des livres V à VII). De sorte que, telle une pyramide, la structure sociale de la cité parfaite consiste dans l'étagement hiérarchisé d'une vaste classe de producteurs, d'une classe plus restreinte de gardiens auxiliaires, et enfin d'une classe très étroite de gouvernants. Les premiers, dans l'hypothèse de la cité parfaite, manifestent la vertu de modération (*sôphrosunè*), qui les distingue – étant entendu toutefois qu'ils partagent cette vertu avec les autres, car cette vertu signifie « l'accord conforme à la nature entre l'élément qui est moins bon et celui qui est meilleur pour savoir lequel d'entre eux doit diriger, à la fois dans la cité et en chaque individu » (432a). Les seconds, outre la modération, se distinguent par le courage (*andreia*), qui est « l'opinion correcte et conforme aux lois au sujet de ce qui est à craindre et de ce qui ne l'est pas » (429a). Enfin, le troisième groupe des gouvernants, outre la modération et le courage, se caractérise par la sagesse (*sophia*), comprise comme « connaissance spécialisée dans la garde » (428d). Et il résulte tout naturellement de cet étagement harmonieux de fonctions et de qualités, la justice, qui vaut donc pour la cité tout entière et pour chacun de ses membres, puisqu'elle consiste à « s'occuper de ses propres affaires » (433b).

C'est ainsi que dans le cas de l'individu, nous allons constater que toute âme est constituée de trois « espèces » ou « formes » (*eidè*), trois instances psychiques donc, et une hiérarchie semblable à celle de la cité va se retrouver, d'abord de façon analogique. En effet, il va en aller pour l'individu tout comme pour la cité, dont la justice résultait de la juste hiérarchie opérante et respectée que l'on a vue. C'est ainsi que la structure tripartite de l'âme va permettre de comprendre qu'à chacune des « formes » (*eidè*) correspond une vertu propre : à la partie désirante (*epithumètikon*), inférieure, va correspondre la modération, qui était apparue comme la vertu distinctive des producteurs ; à la partie ardente, ou cœur (*thumoeides*), médiane, va correspondre le courage distinctif des gardiens ; à la partie raisonnante (*logistikon*), supérieure, va correspondre la sagesse distinctive des gouvernants. L'harmonie résultant dans l'âme sera logiquement la vertu de justice, qui n'est attachée à aucune des parties de l'âme, mais à l'ensemble, et qui en ce sens englobe les trois autres vertus.

L'on observe donc une analogie entre la cité et l'individu, mais finalement tout aussi bien un emboîtement, étant donné que la cité est constituée d'un ensemble d'individus, et que la hiérarchie d'ensemble se retrouve en chacun. Le terme du parcours permet ainsi de comprendre que les hommes de la cité parfaite seraient en mesure à des degrés divers de parvenir à une certaine forme de perfection correspondant aux instances psychiques qui ont été distinguées. En chacun, le supérieur domine l'inférieur, même si la plupart connaissent une forme manifeste d'hétéronomie (les commandements leur viennent d'ailleurs, et ils y obéissent), tandis que les gouvernants sont les seuls en mesure d'amener la totalité de leur âme à sa perfection. Mais au total, l'ensemble des citoyens, tous étroitement unis dans la cité parfaite que Platon appelle Callipolis, contribuent à réaliser la justice dans la cité, parce que la justice, instaurée au moins par la modération, éventuellement aussi par le courage et la sagesse, règne en eux.

Voilà la découverte de Platon, ou tout au moins sa thèse, si bien qu'à la suivre, on se convainc aisément que la problématique de la justice n'est pas plus politique qu'éthique, tant la quête individuelle et la quête politique de justice se répondent étroitement. À ce point, toutefois, se présente un problème majeur, qui est que les conditions politiques d'une justice véritable ne sont pas réunies, ainsi que Platon le reconnaît lui-même, de sorte que l'on est, par contrecoup, amené à se demander si la justice peut se réaliser d'une quelconque façon.

APORIE : LA POLITIQUE SANS JUSTICE
LA JUSTICE SANS POLITIQUE

La justice, en tant que mise en œuvre d'un ordre selon la mesure adéquate, est condition du bien. C'est donc une seule et même justice qui semble devoir régir et les individus et les cités, conformément à l'unicité même de la forme de la justice. Or, les conditions pour réaliser une cité juste ne sont réalisées nulle part : compte tenu de la réciprocité supposée entre justice dans la cité et justice dans l'individu, faut-il alors en conclure qu'aucun individu ne peut non plus être juste ? Après tout, l'individu ne vivant pas hors cité, il semble que l'on puisse difficilement devenir juste dans un contexte d'injustice. Est-ce Thrasymaque, le détracteur de Socrate dans le livre I de la *République*, qui en fin de compte avait raison, lorsqu'il affirmait que « la justice est l'intérêt du plus fort » (I, 338c), et faut-il accepter de dissoudre le concept même de justice (est juste le fait d'obéir à ce que fixe l'injuste) ? Nous sommes en tout cas condamnés à vivre dans des régimes dégradés par comparaison avec ce régime politique parfait idéel, dont la *République* a longuement dessiné les contours.

Platon, c'est un fait, conteste radicalement que les régimes politiques existants accomplissent leur destination. En particulier, ils manquent ce qui devrait être leur objet unique, le bien commun. Mieux, il arrive qu'au nom de la loi de flagrantes injustices soient commises à l'endroit des individus, comme l'emblématise à jamais la dramatique condamnation à mort de Socrate. Ainsi, nous observons une continuité de vues du *Gorgias* à la *République*, qui sont les dialogues où s'expriment les plus virulentes critiques à l'encontre des politiques passées et contemporaines. On peut rappeler ici les saisissantes déclarations de Socrate dans le *Gorgias* :

> On dit qu'ils ont fait de notre cité une grande cité ; mais qu'elle est enflée et infectée à cause de ces hommes politiques d'autrefois, on ne s'en rend pas compte. En effet, c'est sans souci de modération ni de justice qu'ils ont empli la cité de ports, d'arsenaux, de murailles, de tributs et autres superfluités du même genre [1].

---

1. *Gorgias*, 518e-519a, trad. pers., ainsi que pour les deux citations suivantes.

Et cette dénonciation d'une politique de croissance et d'accumulation de biens conduit à la double affirmation, radicale, d'une incapacité des hommes politiques, quels qu'ils soient, et de la compétence du seul Socrate en la matière. Ce dernier constate en effet : « nous ne connaissons personne qui se soit montré un bon politique dans notre cité » (517a), pour finalement avancer : « je pense faire partie du petit nombre d'Athéniens, pour ne pas me présenter comme le seul, qui s'attachent à l'art politique véritable, et je suis le seul, parmi nos contemporains, à mener une action politique » (521d).

Il paraît certes surprenant que la justice puisse se réaliser au plan individuel, tandis que la mise en œuvre de la justice au plan politique semble inaccessible. Mais peut-être n'est-ce là qu'un paradoxe apparent. La position de Platon est en effet que la justice n'est en aucun cas le résultat d'une improbable institution humaine. Tout au contraire, les tentatives, individuelles ou collectives, pour mettre en œuvre la justice doivent être comprises comme des tentatives imparfaites pour faire advenir la Justice, qui reste toujours ce qu'elle est, en tant que Forme essentielle, subsistant elle-même par elle-même, n'y eût-il pas un seul homme juste.

De fait, il n'y a peut-être jamais eu de cité juste (Platon n'en pose l'effectivité que dans un passé mythique, cf. *Critias*), mais il faut ajouter que très peu nombreux sont les authentiques hommes justes. Car il ne suffit pas d'être tenu pour juste, reconnu, honoré, pour l'être réellement. De sorte que très peu d'hommes mettent véritablement en œuvre cette vertu de justice, dont la réalisation parfaite, on l'a vu, suppose la présence en l'âme des trois autres vertus que sont la modération, le courage et la sagesse. Ce qui revient à dire que seul le philosophe authentique, qui cultive cette dernière vertu, peut prétendre à la perfection intérieure qu'implique la justice achevée. Or, des philosophes véritables, réalisant l'ascèse spirituelle requise, celle qu'évoque le *Phédon*, et que déploie la *République*, à travers son tableau de l'éducation des gardiens de la Cité parfaite, il n'en est que très peu.

Ainsi, bien qu'une réciprocité parfaite doive idéalement valoir entre cité et individu, en réalité, les régimes dégradés auxquels nous sommes condamnés (*cf.* les livres VIII-IX de la *République*) conduisent le philosophe à penser, par la force des choses, la possibilité d'une formation qui ne relève pas de la sphère politique [1], mais d'abord de la philosophie elle-même, et de son aspiration intransigeante au savoir (à l'opposé précisément des pratiques de la sophistique). Et cette possibilité d'une formation à la vertu par la philosophie prouve que la justice ne dépend pas constitutivement d'institutions politiques. Du reste, si le philosophe envisage de se faire législateur, c'est qu'il considère que la justice, qu'il s'efforce de connaître et de mettre en œuvre pour sa part, ne s'est pas réalisée au plan politique jusque-là.

La justice doit donc avoir une réalité indépendante des institutions politiques : sur ce point, Aristote est d'accord, même s'il insiste beaucoup pour sa part sur le rôle de la loi, et paraît installer la justice dans un délicat équilibre entre nature et convention.

LA VERTU DE JUSTICE, GÉNÉRALE ET PARTICULIÈRE SELON ARISTOTE

Pour Aristote, comme pour Platon, la justice est une vertu majeure, essentielle, qui nous met dans les dispositions de réalisation du bien. De ce fait, la justice couvre le champ entier de la *praxis* humaine, individuelle et collective, et elle vient s'inscrire par conséquent au cœur de la réflexion éthique et politique. Dans l'*Éthique à Nicomaque*, Aristote propose pour sa part deux approches successives de la vertu de justice, l'une qui l'appréhende comme une vertu éthique particulière, l'autre qui voit en elle une sorte de vertu éthique totale. Les analyses concernant la première sont les plus célèbres, mais seule la prise en compte des deux acceptions de la vertu de justice permet d'embrasser adéquatement la théorisation aristotélicienne.

Il est en effet remarquable qu'Aristote commence, dans ses développements sur la vertu de justice (livre V de l'*Éthique à Nicomaque*), par introduire un sens large qui revient pour ainsi dire à faire de la justice une vertu éthique générale. Aristote infère cela en se donnant pour critère du juste la loi. Il explique en effet :

---

1. Dans le *Politique*, 291c, qui fait en cela écho au *Gorgias*, Platon traitera tous les politiques existants de « sophistes », considérant qu'aucun ne met réellement en œuvre l'art de gouverner véritable.

Puisque, on l'a vu, celui qui s'oppose à la loi est injuste, et celui qui agit légalement est juste, il est clair que tout ce qui est légal, d'une certaine manière, est juste. En effet, ce qui est défini par l'art législatif a valeur légale, et cela, dans tous les cas, est juste, disons-nous. Or, les lois se prononcent sur tous les sujets, en visant ce qui est utile en commun, soit pour tous, soit pour les meilleurs, soit pour ceux qui gouvernent, que ce soit en raison de leur vertu ou d'un autre critère de ce genre. De sorte qu'en un sens nous appelons juste ce qui produit et préserve, en faveur d'une communauté politique, le bonheur et ses éléments constitutifs [1].

Or, les prescriptions de la loi touchent tous les domaines de la vie en commun, et elles conduisent à favoriser des vertus telles que le courage, la tempérance, ou la douceur, si bien que celui qui obéit fidèlement à la loi se montre juste d'une justice qui semble englober les autres vertus éthiques :

Ainsi, cette justice-là est la vertu achevée, non pas au sens absolu, mais relativement à autrui. Et c'est la raison pour laquelle bien souvent la justice semble constituer la plus puissante des vertus, et ni l'étoile du soir ni l'étoile du matin ne sont aussi admirables qu'elle. Et c'est ainsi que nous disons avec le proverbe : « Dans la justice, est résumée toute vertu » (Théognis, 147) [2].

Avec cette approche de la justice, Aristote semble retrouver quelque chose de la compréhension platonicienne de la vertu de justice, comprise comme cette vertu englobante dont l'épanouissement suppose les trois autres, et qui constitue en somme la vertu harmonique. Il n'est pas jusqu'à la référence à la loi qui ne rappelle un *topos* ancien présent dans les premiers dialogues platoniciens : que l'on songe au *Criton* et au principe de respect inconditionnel de la loi, ou au *Gorgias*, et à sa déduction de la justice comme conformité à un ordre, c'est-à-dire à la loi. Cela étant, le critère de référence adopté ici – le fait d'agir légalement, conformément à la loi instituée – reste flou ; et Platon avait lui-même substitué au critère de l'obéissance à la loi que faisait valoir Socrate, un critère psychologique, comme on l'a vu [3].

---

1. *EN*, V, 3, 1129 b 11-19, trad. pers.
2. *EN*, V, 3, 1129 b 25-30, trad. pers.
3. La bonne loi selon Platon ne peut être que l'effet d'un savoir parfait, philosophique (*République*), ou apparenté (*Politique*, *Lois*). Accordée au savoir philosophique, la loi peut être suivie ; autrement, elle reste inévitablement imparfaite.

En délimitant un sens plus spécifique de la justice, on observe qu'Aristote va enrichir, en lui conférant une certaine autonomie, et en la précisant, la compréhension de cette vertu. En effet, la justice, considérée cette fois comme vertu éthique particulière, sera strictement cette vertu qui met en jeu des rapports inter-humains de distribution ou d'échange de biens (que ce soit au plan politique ou au plan privé). Elle présente de fait un ancrage social et politique fort, et constitue la plus manifeste articulation entre éthique et politique. Tout cela conduit Aristote à des distinctions devenues canoniques entre une justice distributive fondée sur une égalité de type géométrique, et une justice corrective fondée sur une égalité de type arithmétique.

En effet, Aristote propose de considérer que la justice particulière a affaire tantôt à la répartition des honneurs, des richesses, et autres types d'avantages, dans le cadre politique, et conformément au type de régime en vigueur, tantôt aux transactions privées, qu'elles soient consenties ou subies. Dans les deux cas, la justice recherche l'égalité, mais dans le premier, elle sera obtenue par la mise en œuvre d'une proportion, dans le second par la mise en œuvre de l'égalité stricte. S'agissant de la distribution des avantages, la justice doit en effet s'attacher à réaliser une égalité de nature géométrique, fondée sur la proportion, dont la formule sera : $A/B = C/D$, où A et B sont des personnes, et C et D des biens ou avantages. On obtient alors par permutation : $A/C = B/D$. Ainsi, A et B n'obtiendront pas les mêmes avantages ou récompenses, parce que leur mérite est différent. Ils doivent donc recevoir des avantages, de façon proportionnée à leurs mérites. Tout l'enjeu – et le problème – de la justice distributive revient alors à évaluer convenablement le mérite respectif des individus, de sorte que chacun reçoive correctement, à proportion de ses actes. En ce qui concerne les transactions privées, le modèle est en revanche des plus simples, et repose sur la stricte égalité arithmétique : $A = B$. En effet, lorsqu'une transaction consentie est correctement menée à bien, des biens équivalents sont échangés. Lorsqu'un des acteurs de la transaction fraude, ou lorsqu'un vol est commis, le rôle de la justice corrective est d'annuler l'inégalité imposée, par restitution, dédommagement (matériel, châtiment…).

Il ressort du premier type de justice, la justice distributive, qu'il y a lieu d'évaluer et hiérarchiser : les individus ne se valent pas tous (sauf dans le cas de la démocratie, qui pose, comme un cas-limite, le principe de l'égalité numérique entre les citoyens), ils ont des mérites et des statuts différents, qui devraient être reconnus comme tels pour qu'advienne la justice. Cela étant, on observe que le critère de l'évaluation est variable (*cf.* 1131 a 25-31), et l'invariant n'est ici rien de plus que le principe même de la mesure. Cela suffit à caractériser positivement en son principe la justice, qui semble donc devoir se retrouver en divers types de régime, mis en œuvre au moyen de divers critères d'évaluation. Même s'« il y a du juste, pour ceux dont la loi régit les rapports réciproques » (1134 a 30-31), la justice ne procède pas de la législation, mais l'on devra dire au contraire de telle législation qu'elle met ou non en œuvre le principe de la justice, selon que le principe de distributivité est ou non appliqué. On le vérifie également par le cas de l'*epieikès*, « l'équitable »[1] : un tel homme manifeste en effet une forme d'excellence absolue dans l'ordre des échanges, et de la justice donc, puisqu'il se montre prêt à prendre moins que son dû (*cf.* 1136 b 20-21 et 1137 b 35-1138 a 3)[2]. Il ressort de tout cela que la justice, et en particulier son « comble », l'équité, ne dépendent pas exclusivement pour se réaliser de ce que pose telle législation, même si un cadre législatif est requis pour organiser la communauté politique : la visée de justice doit précéder la mise en œuvre d'une législation, tout comme l'équité est susceptible de prolonger ou d'excéder ce que prévoit la loi. De fait, une constitution parfaite devrait se régler sur la considération du mode de vie le meilleur, et s'efforcer de mettre en œuvre ses conditions de réalisation. C'est bien ce qu'expose Aristote au début de son livre VII de la *Politique* : « une vie excellente, considérée du point de vue de chaque individu pris séparément et du point de vue des cités prises collectivement, est celle que la vertu

---

1. Selon la traduction courante dans le contexte de l'éthique aristotélicienne ; le terme n'est qu'un équivalent, mais il rend globalement bien l'idée. Plus littéralement, le terme signifie « convenable » au sens moral. L'homme *epieikès* est donc équitable, au sens où il fait ce qui convient, et de surcroît, de son propre chef.

2. Le deuxième passage me semble exprimer la même idée que le premier, même si certains interprètes ont pu en douter. Outre le fait d'être en mesure de compléter ou prolonger la loi, la tendance à ne pas revendiquer tous les avantages que la loi offre, ou à ne pas en profiter, est la deuxième caractéristique de l'*epieikès*.

accompagne suffisamment pour prendre part aux actions conformes à la vertu » (VII, 1, 1323 b 40-24 a 2).

Ainsi, la visée de la vertu, et donc de la justice, est la condition d'élaboration d'une bonne constitution, et non l'inverse. Il faut ainsi exclure que la justice ne soit qu'une propriété immanente à l'organisation socio-politique et à ses membres, ou le résultat, conventionnel, d'institutions politico-juridiques. Le critère de l'obéissance à la loi, qu'utilisait Aristote dans son approche de la justice comme vertu générale (cf. *supra*, p. 20-21) n'est à cet égard qu'un critère extérieur. Mais nous risquons alors de voir resurgir le paradoxe, suivant lequel la justice pourrait advenir indépendamment de l'existence même de structures juridiques et politiques. Platon, on l'a dit, surmonte la difficulté en posant l'antériorité de la Justice ; or, Aristote, pour sa part, rejette résolument la théorie platonicienne des Formes séparées, ainsi qu'il les qualifie. Comment dans ce cas échapper à la relativisation de la justice, d'autant que l'homme est formé dans la cité, et façonné par elle ?

DÉFICIT POLITIQUE ET NATURALITÉ DE LA JUSTICE

Le point de vue d'Aristote sur la réalité politique de la justice est assurément moins négatif et tranché que celui de Platon. Que la vertu de justice au sens général s'évalue malgré tout par rapport au respect de la loi, en est un signe net. Par ailleurs, sa compréhension de la vertu particulière de justice semble supposer la réalisation, éventuellement imparfaite, mais effective, de la justice dans un cadre tout à fait économique, politique et social : c'est-à-dire d'échanges (transactions privées), et de répartition (action de l'État, ou plus exactement de la Cité). Il faut dire que dans la perspective éthique, la question de la rectitude de telle Cité n'est pas en jeu : qu'il y ait des individus, des actions, des institutions justes, n'est nullement mis en doute – de fait, on ne saurait étudier ce qui n'existe pas. Il est donc admis qu'un certain nombre de comportements justes sont rendus possibles par les cités telles qu'elles existent, ou sont au moins compatibles avec elles. Par suite, l'analyse éthico-politique comporte une vraie dimension descriptive, que nous n'avons pas chez Platon, pour qui les institutions et les hommes politiques, voire les hommes dans leur quasi-totalité, sont toujours en défaut. Pour autant, cela ne signifie pas qu'aux yeux d'Aristote les régimes existants doivent eux-mêmes être considérés comme parfaitement et réellement justes. Et finalement, dans une mesure moindre que Platon, Aristote laisse entendre que les politiques telles qu'elles sont menées, y compris les plus renommées, ne mettent que partiellement en œuvre une justice effective. Au livre VII de la *Politique*, au moment d'aborder sa théorie de la constitution parfaite, il dresse le constat suivant :

> D'entre les Grecs, ceux qui passent actuellement pour se gouverner le mieux, et ceux des législateurs qui ont établi ces constitutions, ne semblent pas avoir organisé les éléments constitutionnels en ayant en vue la fin la meilleure, ni les lois et les dispositions éducatives en ayant en vue l'ensemble des vertus, mais ils ont grossièrement incliné du côté de celles qui semblent le plus utiles et produire le plus de profits [1].

En effet, la politique tournée vers la puissance et la guerre ne donne lieu qu'à une fuite en avant, et se révèle incapable de réaliser l'état d'équilibre qui conviendrait :

> que le législateur doive tâcher d'organiser de son mieux sa législation touchant la guerre et le reste, en se fixant pour fin la vie de loisir et la paix : en faveur d'une telle proposition, les faits portent témoignage. En effet, la plupart des cités qui sont telles [*i.e.* orientées vers la puissance et la guerre] assurent certes leur salut, mais une fois qu'elles ont assis leur pouvoir, elles périssent. En effet, elles renoncent à leur trempe, à la façon du fer, lorsqu'elles connaissent la paix, et c'est le législateur qui en est responsable, pour n'avoir pas formé la cité à se montrer capable de mener une vie de loisir [2].

De fait, si chaque Cité parvenait à instaurer un juste équilibre en son sein, en tendant vers l'acquisition des vertus, et non pas de la seule vertu guerrière dans le meilleur des cas, il n'y aurait pas lieu de distinguer entre constitutions correctes et déviées, et il y aurait encore moins lieu d'avancer la théorie d'une constitution parfaite, qui deviendrait alors sans objet.

---

1. *Pol.*, VII, 14, 1333b6-10, trad. pers.
2. *Pol.*, VII, 14, 1334a3-10.

Et finalement, l'on se trouve confronté à la même question que tout à l'heure, avec Platon : comment fonder l'idée de justice ? N'est-ce pas finalement un leurre, une illusion du discours, ou encore un abus de raisonnement, que de prétendre fonder un sens de la justice qui affranchisse cette dernière du cadre juridico-politique des institutions humaines ? À cette objection très sérieuse, Aristote réplique par une théorie de la justice naturelle, qui prolonge et renouvelle certaines considérations platoniciennes sur l'antériorité naturelle du principe d'ordre.

Dans le *Gorgias*, en effet, Platon avait appuyé sa thèse d'une réalisation du bien et de la justice par l'ordre (*taxis* et *cosmos*), en renvoyant à la conception, inaugurée par les sages, du Tout comme *cosmos*. La nature comme ordre était ainsi opposée à la nature comme force célébrée par Calliclès. Cet ordre, constitutif de la nature, était ce qui fondait à la fois la nécessité de la loi, et l'idée d'une justice ordonnatrice de l'âme (*Gorgias*, 503d-508a), dont Platon donnera une théorie aboutie dans la *République*, comme on l'a vu. Une référence à la nature est également présente chez Aristote, et même plus ouvertement présente, pour penser et fonder ultimement la justice. Aristote évoque en effet dans l'*Éthique à Nicomaque* un juste naturel :

> Le juste politique est pour une part naturel, pour une part légal. Naturel est celui qui possède partout la même force, et qui ne le doit pas à telle ou telle opinion ; légal, ce dont à l'origine il est égal que ce soit ainsi ou autrement, mais pour lequel, une fois établi, ce n'est plus le cas, comme le fait qu'un prisonnier puisse être libéré contre rançon d'une mine [...] il semble à certains que tout est ainsi, parce que ce qui est par nature est immobile et a partout la même force, comme le feu qui brûle aussi bien ici qu'en Perse, et parce qu'ils observent la mobilité des règles de justice. Il n'en va pas ainsi, mais seulement en un sens : bien que chez les dieux, certes, ce ne soit peut-être pas du tout le cas, chez nous il y a quelque chose qui est aussi par nature, cependant que tout est mobile ; et pourtant, il y a ce qui est mobile, et ce qui ne l'est pas [1].

Le statut de ce juste naturel est assez controversé, et une interprétation minimaliste consisterait à poser que ce juste est seulement un cadre général, sans contenu véritable, susceptible de varier au gré des

---

1. 1134 b 18-30, trad. pers.

circonstances, nous indiquant seulement qu'il faut qu'il y ait de la justice. Il est toutefois délicat de rendre compte, dans ce cas, de la distinction initiale, qui paraît si nettement isoler une espèce de justice qui a véritablement « partout la même force », et qui semble bien dotée d'un certain contenu; du reste, dans la suite du développement, Aristote se livre à une série de comparaisons destinées à faire entendre ce qui est selon lui évident, et il évoque notamment la supériorité naturelle de la main droite, qui n'empêche pas néanmoins certains de devenir ambidextres. Par ailleurs, dans la *Rhétorique* (A, 13, 1373 b 1-18), Aristote mentionne également une loi par nature invoquée par Empédocle, relative à l'interdiction de tuer le vivant. Est-ce là un cas de règle de justice naturelle? Aristote ne se prononce pas sur la valeur de cet interdit-là, mais l'important est peut-être avant tout qu'aux yeux d'Aristote, le juste présente effectivement un enracinement naturel, qu'il importe de reconnaître comme tel, faute de quoi le juste serait réduit à sa dimension conventionnelle, ainsi que l'entendaient un certain nombre de sophistes. Si le sens même de la nature est de produire de l'ordre (en vertu de sa structure téléologique), alors le groupement humain, en tant que naturel (cf. *supra*, p. 12-13), s'inscrit dans l'horizon de cette production naturelle d'ordre, et le juste doit sans doute présenter une double face, naturelle et instituée. C'est pourquoi il n'est pas déraisonnable de voir dans l'ordre naturel et même cosmique une sorte d'élément de référence qui aide à penser et à orienter la constitution de l'ordre humain, sans toutefois que l'ordre humain, essentiellement variable[1], soit en rien confondu avec la nature invariable de l'ordre cosmique. Car en dépit de tout, c'est bien de la mise en place d'un ordre visant à produire un certain type d'égalité qu'il est question en matière politique et en matière de justice. Et à cet égard, le *cosmos* reste une référence de choix.

Mais précisément, est-il certain que la totalité de ce qui est soit structurée comme un *cosmos*? Qu'est-ce qui garantit qu'un ordre universel sous-tend tout ce qui est? N'est-ce pas ce postulat qui est cause de toutes les difficultés et impasses rencontrées par Platon aussi bien que par Aristote? Ils ne retrouvent pas chez les hommes

---

1. Le monde des hommes est à cet égard traversé par la contingence qui caractérise l'ensemble de cette région du monde dans laquelle ils vivent (sub-lunaire), par différence avec la parfaite régularité et nécessité qui régissent le ciel.

l'analogue de cet ordre cosmique – si elles tendent vers cet ordre, au mieux les cités n'en sont-elles que des ébauches imparfaites –, ni cette justice universelle, naturelle, qui est supposée devoir s'accomplir, mais qui dévie, avorte, se retourne même en son inverse, et n'advient finalement qu'en quelques individus.

AU-DELÀ DE LA JUSTICE : AMITIÉ ET COMMUNAUTÉ PARFAITE
SELON ÉPICURE

Ainsi, l'idée aristotélicienne selon laquelle tout ce qui est, entre dans un ordre orienté téléologiquement, selon une nécessité absolue, contraint à penser la cité comme tendant vers une fin, donc vers son bien, alors même que l'on observe son écart par rapport au bien. Il faut donc supposer qu'elle atteint et n'atteint pas son objectif, et c'est pourquoi la théorisation de la justice se légitime, en visant à rendre possible la réalisation d'une fin qui est paradoxalement donnée, en même temps que retirée. Mais Aristote ne prend-il pas les choses à l'envers ? L'idée fausse par excellence n'est-elle pas celle qui affirme que la nature a une structure téléologique ? Procédant d'où ? Imposée par quoi ? Et s'il n'y avait rien de tel, le monde s'écroulerait-il pour autant ? Peut-être pas, et peut-être même notre représentation gagnerait-elle en cohérence. Tel est en tout cas le point de vue d'Épicure, qui développe, sur le fond de ce renversement, une théorie éthico-politique originale.

Il n'y a donc pas aux yeux de ce dernier de finalité réglant, orientant le devenir du monde. Le monde, « notre » monde, ne désigne qu'une partie, une région du Tout illimité, composé à égalité d'un vide illimité et d'atomes en nombre illimité : l'ordre est un cas particulier du désordre, et non l'inverse. De sorte que toute organisation, de l'amas d'atomes à l'origine d'un monde, aux amas locaux constituant des parties du monde, aux vivants, et jusqu'aux hommes et leurs groupements, toutes ces combinaisons atomiques ne sont pas régies par un principe final, mais surgissent comme le résultat d'une possibilité combinatoire qui se donne ses règles, développe ses propres propriétés, etc.

Dès lors, la cité est à considérer comme un groupement humain, qui est l'effet d'un besoin, et donc d'une nécessité seulement conséquente : la cité est constituée par des êtres naturels, sans qu'elle soit elle-même naturelle à proprement parler. Sa formation est à chaque fois l'effet d'une convention : il y a eu à tel moment groupement de familles, destiné à prémunir les uns et les autres contre les dangers extérieurs. Un besoin de protection s'est manifesté, qui a motivé ce regroupement, et la justice s'y trouve d'emblée mise en jeu, non pas tendanciellement, mais constitutivement[1], puisque la justice, selon Épicure, ou plus exactement « le juste de la nature » n'est rien d'autre que « la garantie de l'utilité qu'il y a à ne pas se causer mutuellement de tort ni à en subir »[2]. Épicure dépasse les antinomies de la nature et de la convention, dans lesquelles s'étaient installés les sophistes, et à leur suite Platon et Aristote. La justice n'est ni une essence, idéelle ou naturelle, ni quelque chose de purement conventionnel : elle est naturellement amenée à se mettre en place (avec un certain temps de latence toutefois), dès lors qu'un groupement humain surgit, car elle ne consiste en rien d'autre que dans la conciliation des intérêts individuels, mais naît historiquement d'un accord sur des règles communes de vie. Qu'elle produise un ordre est un fait, mais cet ordre est un ordre advenu, qui ne s'inscrit dans aucun ordre général, ni horizon téléologique. Et cet ordre n'est pas imparfait, il est aussi parfait qu'il peut l'être dans la mesure des capacités d'adaptation du corps social. Épicure explique ainsi et justifie l'évolution de la législation, l'abandon de certaines lois, l'adoption de nouvelles[3]. Un certain temps peut s'écouler pour que la législation s'adapte, mais il est inévitable qu'elle le fasse – faute de quoi la communauté politique finirait par se disloquer –, et l'on observe ainsi un mécanisme d'auto-

---

1. En réalité, une phase trouble et conflictuelle marque les débuts de la société, qui ne trouve son équilibre qu'à partir du moment où est précisément reconnue la nécessité de lois réglant les rapports entre les citoyens, que parviennent à imposer par la persuasion des individus clairvoyants, qui se font ainsi législateurs. *Cf.* notamment à ce propos Lucrèce, *De la nature des choses*, V, 925-1457.

2. *Maxime Capitale XXXI*, dans *Épicure. Lettres, maximes, sentences*, Paris, Livre de Poche, 1999[2], trad. pers.

3. *Cf.* à ce propos les *Maximes Capitales* XXXVII et XXXVIII.

régulation, analogue aux mécanismes qui régissent le vivant. En cela, la justice présente une naturalité, mais en cela seulement.

Autant dire que la question de la hiérarchisation n'a plus sa place dans une telle approche de la justice. La définition stricte de la justice comme mise en place et garantie d'un intérêt commun consistant dans le respect et la délimitation des intérêts particuliers, exclut toute différenciation entre les membres de la communauté politique, lorsque celle-ci parvient à sa maturité. S'il s'opère des différenciations, cela du moins ne relève pas de la justice.

Ainsi, au lieu de considérer le problème – insoluble – du perfectionnement de la cité tout entière, Épicure considère que la cité atteint son but lorsqu'elle réalise la protection des individus, ce pour quoi ils se sont au départ groupés. Ainsi, la cité aux yeux d'Épicure s'auto-régule; elle met en œuvre ce dont elle a besoin pour fonctionner, et grâce aux législateurs appuyés par une majorité, les lois contraignantes imposent ce qu'un grand nombre d'individus, spontanément, ne suivrait pas. De ce point de vue, la cité atteint le résultat pour lequel elle existe; mais réalisant son bien, pour parler en termes aristotéliciens, réalise-t-elle pour autant le bien individuel? Sans doute pas, même si c'est en partie le cas, car telle n'est pas sa raison d'être. Le bien qu'elle garantit à l'individu est celui d'une protection qui, bien que réelle, est d'une portée limitée, et ne constitue pas le bien individuel dans sa perfection : elle prémunit contre certains maux, elle garantit une sécurité aux individus, mais elle ne permet pas d'éliminer tous les maux, et en particulier ce qu'Épicure appelle les « troubles de l'âme », qui ne sont en rien de son ressort. En réalité, le bien véritable, et même la perfection, consistent dans la paix et l'équilibre de l'individu, qui ne reposent nullement sur l'accumulation des biens matériels et leur protection, moins encore sur les honneurs. Ces derniers suscitent des désirs qui sont au mieux non nécessaires, et au pire non naturels, c'est-à-dire vides (les honneurs). Ainsi, les institutions politiques n'ont pas pour vocation de permettre la réalisation du bien humain, contrairement à ce qu'imaginent Platon et Aristote, qui ne peuvent que constater à cet égard leur incapacité. Épicure nous conduit en somme à déplacer la question du perfectionnement humain, et à l'extraire du cadre politique. Le résultat est que la justice ne se trouve accomplir que le bien (c'est-à-dire l'intérêt) de la communauté politique, et satisfaire un besoin individuel limité, touchant la protection des biens matériels et des personnes. En cela, la justice contribue, mais seulement de manière relative et partielle, à la réalisation du bien individuel : les institutions de justice me prémunissent contre les agressions extérieures ; et pour ce qui me concerne, en me conformant aux règles de justice, j'écarte également l'inquiétude que pourrait susciter la peur d'être puni [1]. Mais rien de plus. Cette position serait-elle l'attestation d'un découplage, opéré dès l'Antiquité, entre bien et justice ?

Épicure rompt de fait avec l'idée de la conjonction nécessaire, mais toute aporétique, du bien individuel et du bien politique. Pourtant, le propos épicurien n'est en réalité pas loin d'être l'inverse de celui des Modernes : car ce découplage entre justice (collective) et bien individuel se fait non pas au nom d'un principe de liberté indéterminée, mais tout au contraire en ayant en vue, par-delà la communauté et la justice politique, un projet de communauté parfaite, qui vise à accomplir le plus parfaitement, bien mieux en tout cas que la cité, le bien individuel. Il s'agit même, en fait, de faire advenir un type de vie en commun bien supérieur dans sa forme à celui que rend possible le socle des lois. Le lien n'est plus alors celui que procure un intérêt bien compris, mais celui que met en place l'amitié, et qui fonde une parfaite réciprocité.

Considérons un noyau d'individus, qui se regroupent sur la base d'une égalité parfaite, pour vivre ensemble harmonieusement, sans obligation de gouverner, sans distinction entre gouvernants et gouvernés, sans règle de justice à respecter. Qu'est-ce qui les conduit à s'unir, par-delà la sécurité matérielle qu'offre déjà la cité ? Chacun est à la recherche du plus grand bien, et ils s'assemblent en partageant la conviction que le seul moyen de réaliser parfaitement cette visée est de mener un mode de vie philosophique, fondé sur l'exacte considération de ce qui est, et l'application conséquente dans sa vie de ce qui résulte de cette exacte considération. Est considéré comme le bien par excellence le plaisir, dont la forme la plus parfaite dépend non pas de mouvements violents, mais naît au contraire d'un état d'équilibre, dans lequel les plaisirs sont le revers de l'absence de douleurs. C'est

---

1. *Cf.* à ce propos les *Maximes Capitales* XXXIV et XXXV.

pourquoi la fin poursuivie est facile à obtenir, et qu'il est d'autant plus facile de vivre dans une communauté qui a fait de la réduction des besoins sa règle. Tel est le Jardin d'Épicure, qui pousse encore plus loin que les autres Écoles l'idéal de communauté philosophique, et le met effectivement en application.

Dans ce cas, le principe d'égalité est tellement absolu qu'un précepte comme celui des pythagoriciens : « entre amis, tout est commun », repris avec faveur par Platon et Aristote, passe ici pour superflu, et la marque d'une inauthenticité, car dans une véritable communauté, un tel précepte n'a pas même de sens. Le partage y est l'évidence absolue. Comme on le voit, une telle communauté se situe bien au-delà de toute idée de loi et de répartition réglée. Fondée sur la réciprocité, elle ne saurait pas davantage se soucier de distinguer ou récompenser quiconque. Mieux même, c'est l'idée d'une convention, à l'origine pourtant de la constitution des communautés politiques, qui perd tout sens : entre les membres de la communauté des amis, le seul enjeu, la seule exigence, est de pouvoir donner, sans contrepartie.

Avec l'amitié ainsi entendue, nous passons donc dans un au-delà de la justice, car c'est d'un dépassement de la justice par excès qu'il s'agit. Par là, la difficulté à laquelle Platon aussi bien qu'Aristote se sont heurtés trouve une résolution : l'exigence de réalisation de la justice imposait que celle-ci permette l'accomplissement du bien, ce qui devrait, ou aurait dû se traduire, par l'épanouissement de la justice en concorde, voire amitié. Platon n'écrivait-il pas précisément qu'à l'inverse de l'injustice, la justice produisait « concorde et amitié (*homonoia kai philia*) » (*République* I, 351d)? Aristote ne faisait-il pas à son tour l'apologie de la concorde, cette « amitié politique », dont l'objet est « nos intérêts et tout ce qui contribue à notre mode de vie » (*Éthique à Nicomaque*, IX, 6, 1167 b 4)?

Et pourtant, cette amitié, cette concorde politiques, semblaient introuvables, ou du moins ne trouvait à s'esquisser qu'entre quelques-uns. Comme le constatait Aristote, la concorde « se réalise entre personnes équitables (*epieikeis*) » (1167 b 5), autrement dit entre un petit nombre d'individu vertueux. C'est à défaire ce nœud éthico-politique qu'Épicure travaille : justice et amitié ne sont pas de même niveau, non pas au sens où la justice hiérarchise là où l'amitié égalise [1], mais au sens où la justice ne met en jeu que la préservation de biens matériels et corporels, quand l'amitié fonde des rapports inter-humains où s'épanouissent intégralement les biens du corps et les biens de l'âme.

Au-delà de la justice, comprise comme vertu de compromis, peut prendre corps l'amitié en tant que perfection du rapport à l'autre, fondée sur la pratique de la philosophie.

CONCLUSION

La justice existe-t-elle ou non ? Vise-t-elle l'égalité absolue ou une égalité relative, reposant sur un principe de proportionnalité ? Doit-elle conduire au bien, ou n'est-elle qu'une condition du bien ?

Sur toutes ces questions, on l'a vu, la contribution des philosophes antiques est d'une grande richesse. Mais si les différends théoriques sont profonds, entre Platon et Aristote, et surtout entre Épicure et ces derniers, il n'en reste pas moins que leur réflexion sur la justice et ses limites est menée dans un souci commun de perfectionnement, lequel s'impose à chacun de ces auteurs comme l'impératif par excellence. Parce que l'homme est initialement en dette par rapport à ce désir de perfection que l'on peut appeler bonheur, il importe d'abord et avant tout de déterminer la nature de ce bien humain suprême, et d'en penser les conditions de réalisation. Comme on l'a vu, la justice entre cruciale-ment dans le débat théorique ainsi ouvert, et apparaît comme un facteur essentiel, ou au moins nécessaire. Mais elle n'est jamais consi-dérée comme la valeur absolue, ultime – c'est le bien qui est tel. Reste alors à savoir si la justice a pour destination de configurer le bien humain, ou seulement de rendre possible sa réalisation. Cela entraîne comme enjeu la définition du bien humain, laquelle met elle-même en jeu la définition de l'homme. Or, dans tous les cas, que l'homme soit

---

1. C'est en somme la position d'Aristote, pour qui la justice repose d'abord sur l'égalité proportionnelle, et l'amitié dans sa perfection, sur l'égalité arithmétique. Cf. *EN*, VIII, 9-10. On peut se reporter, pour une discussion précise de ce point, à mon introduction à Aristote, *Éthique à Nicomaque, Livres VIII-IX, Sur l'amitié*, trad. fr. R. A. Gauthier, Paris, Livre de Poche, 1999, p. 52-54 et 92-96.

déterminé comme âme, ou comme animal raisonnable, ou comme composé d'âme et de corps, il se révèle être avant tout un être capable de perfectionnement et de dépassement. Dans cette perspective, la justice est une étape, plus ou moins décisive, qui rend possible ce perfectionnement. Toute la question est dès lors de savoir si la justice est susceptible de se muer en amitié, l'amitié étant considérée comme la perfection absolue dans l'ordre des rapports humains. Que la communauté d'amis puisse être étendue aux dimensions de la cité tout entière est assurément un rêve de philosophes, et c'est probablement une preuve de réalisme politique de la part d'Épicure que d'avoir renoncé à cette improbable extension. Cela ne lui interdit pas toutefois de poser un idéal au-delà de la sphère de justice, celui d'une communauté d'amis accomplissant véritablement la vie humaine dans sa perfection, c'est-à-dire une vie d'équilibre étrangère à l'angoisse, cultivant un plaisir sobre dans une réciprocité et une égalité absolues, sans différence de statut entre hommes et femmes, jeunes gens et hommes âgés, hommes libres et esclaves – une communauté philosophique donc, accomplissant ce que l'ordre politique est à jamais incapable de produire.

Subversifs, les philosophes ?

Jean-François BALAUDÉ
Université Paris X – Nanterre

LA GÉNÉALOGIE DE LA JUSTICE SELON DAVID HUME
NATURE ET CONVENTION

L'enquête humienne sur la justice possède son réseau propre de questions : *la justice est-elle une vertu naturelle ou artificielle ?* ; *quels sont les motifs de l'institution de la justice, quelle est la source de son approbation ?* ; *en quel sens les règles de justice sont-elles artificielles, en quel sens sont-elles naturelles ?* Restituer la conception humienne de la justice oblige bien évidemment de présenter et ces questions, et les réponses que Hume y donne. Cependant, tout en tenant compte de ces problématiques de l'auteur, nous voudrions aussi poser au texte de Hume d'autres questions, non pas tant pour la raison qu'il y aurait des questions ou des notions reliées par essence à celle de justice et qu'une théorie de la justice digne de ce nom se devrait d'aborder (celles de l'équité, de l'impartialité, de la juste distribution, par exemple), que parce qu'il nous semble que le texte de Hume fournit, comme « en passant », des réponses à certaines des questions que d'autres théories de la justice se posent, elles, explicitement. Nous pensons notamment aux interrogations suivantes, auxquelles Hume répond sans qu'elles soient au point de départ de sa réflexion. Existe-t-il un critère antécédent et indépendant de la justice ? Quel serait le meilleur système de distribution, celui qui se fonde sur l'égalité, le mérite, le besoin, ou sur un autre critère ? Est-il rationnel d'être juste ?

C'est dans le même esprit que nous voudrions redessiner l'articulation entre la justice et les notions qui en sont, dans la philosophie morale de Hume, indissociables, à savoir la propriété et la convention auxquelles il faudrait aussi ajouter l'ordre social. Il s'agira ainsi, d'une part, de restituer la manière dont Hume associe ces notions selon un mode propre d'argumentation : comment et pourquoi la justice et la propriété naissent en même temps et comment leur institution conjointe permet (sans gouvernement) d'assurer l'ordre social, compte tenu de la distinction très marquée chez lui entre *convention* et *promesse* (ou *contrat*). Et il s'agira aussi, d'autre part, d'éclairer la conception humienne de la justice à partir de formulations que d'autres ont employées, depuis, à leur propos, comme par exemple, l'idée de « justice comme avantage mutuel », pour reprendre une catégorie que Brian Barry applique (entre autres) à Hume [1], ou encore, celle de « convention de coordination » théorisée par David Lewis dans l'ouvrage *Convention : A Philosophical Study* [2], et dont il a trouvé chez Hume un modèle.

LA JUSTICE : UNE VERTU ARTIFICIELLE
ET CONVENTIONNELLE

La partie principale de la théorie humienne de la justice telle qu'elle est exposée dans la seconde partie du livre III du *Traité de la nature humaine* se présente, comme souvent chez l'auteur, sous la forme d'une enquête causale de type généalogique. Il s'agit plus précisément d'une double enquête, qui porte à la fois sur l'origine de l'institution de la justice (de quels motifs et de quelles circonstances est-elle issue ?) et sur la source de son approbation morale (« *pourquoi associons-nous l'idée de vertu à la justice et l'idée de vice à l'injustice* » [3]). Cette double interrogation est en fait directement branchée sur un résultat préalable, lui-même issu d'une exclusion : aucun motif originel ne nous poussant naturellement à être juste, il faut conclure

1. B. Barry, *Theories of Justice*, London, Harvester-Wheatsheaf, 1989.

2. D. K. Lewis, *Convention : A Philosophical Study*, Cambridge, Harvard University Press, 1969.

3. *Traité de la Nature Humaine*, 3.2.2.23, p. 99. Je cite le *Traité de la nature humaine* (dorénavant abrégé *TNH*) de la manière suivante : livre, partie, section, paragraphe (ils permettent de se reporter à l'édition anglaise, D. F. et M. J. Norton (eds.), Oxford, Oxford University Press, 2000), suivis de la page dans l'édition française dont je cite les traductions : livre II, trad. fr. J.-P. Cléro (Paris, GF-Flammarion, 1991); livre III, trad. fr. Ph. Saltel (Paris, GF-Flammarion, 1993).

que le sens de la justice et de l'injustice « résulte artificiellement (…)
de l'éducation et des conventions humaines »[1]. C'est ce résultat que
nous voudrions, tout d'abord, expliquer, et c'est d'ailleurs par la
question de la naturalité ou de l'artificialité de la vertu de justice que
Hume aborde son enquête.

Afin d'établir que « le sens de la justice et de l'injustice ne vient
pas de la nature », Hume déclare s'appuyer sur un argument décisif et
« bref » qui est le suivant : une action juste ne saurait provenir que d'un
motif distinct mais qui ne saurait consister en un « souci de la justice et
de l'honnêteté »[2] ; or les hommes n'ont « naturellement » aucun motif
« réel ou universel » pour « observer les lois de l'équité »[3]. L'argument, en réalité, est moins concis et moins formel qu'il n'y paraît.
Examinons les deux étapes qui le composent.

Apparemment, c'est par une simple exclusion du cercle logique
que Hume prouve la première : « Un motif vertueux est nécessaire
pour rendre une action vertueuse. Il faut qu'une action soit vertueuse
avant que nous puissions nous soucier de sa vertu. Un motif vertueux
doit donc précéder ce souci »[4]. Cependant, en ce qui concerne la
justice, Hume ne nie pas que la considération de l'honnêteté d'une
action, autrement dit le sens de sa « moralité », puisse pousser un
homme à agir justement. Hume accorde ainsi que le « sens du devoir »
peut inciter un homme à rembourser un prêt qui vient à échéance[5].
Mais, prévient Hume, cette considération du devoir ne vaut que
pour un homme « élevé selon une certaine discipline et une certaine
éducation ». C'est ainsi que Hume introduit, à propos de la justice, une
distinction dont il s'était passé à propos des autres types de devoirs :
celle de l'homme « dans son état civilisé » et de ce même homme
« dans sa condition grossière et plus *naturelle* »[6]. Comme le montre la
section suivante, Hume, par ce dernier terme, n'entend pas évoquer ce
prétendu « état (…) qui n'a jamais eu et n'a jamais pu avoir la moindre
réalité » : *l'état de nature* n'est, selon lui – on y viendra – qu'une « pure

---

1. *TNH*, 3.2.1.17, p. 82.
2. *TNH*, 3.2.1.9, p. 78.
3. *TNH*, 3.2.1.17, p. 82.
4. *TNH*, 3.2.1.4, p. 76.
5. *TNH*, 3.2.1.9, p. 78.
6. *TNH*, 3.2.1.9, p. 78.

fiction philosophique »[1]. À travers l'évocation de la «condition grossière» des hommes, Hume veut, en fait, faire référence à leurs «idées naturelles et incultes de moralité». Or, comme il l'explique par la suite, ces idées incultes sont elles-mêmes accordées aux passions courantes. Elles nous poussent donc à traiter *inéquitablement* les hommes, conformément à la partialité ou «*inégalité* d'affection» qui nous unit à eux : à ses proches, chacun doit naturellement la plus grande attention et aussi la plus grande *faveur*, aux étrangers, chacun doit le moins d'attention et doit, en conséquence, tout faire pour qu'ils obtiennent le moins possible «en cas de conflit d'intérêts »[2]. Autant dire, alors, que les idées frustes de morale pousseraient un homme à rendre un prêt uniquement *en certaines circonstances* et jamais *inflexiblement*. La justice – dont les lois sont «universelles et parfaitement inflexibles »[3] – ne saurait, à l'évidence, provenir d'une source aussi *fluctuante*. De sorte qu'en séparant, au sein des idées morales, d'un côté, ce qui est proprement inculte, originel, ou encore «ordinaire» et, de l'autre, ce qui est dû à une certaine «discipline», Hume parvient à montrer que le sens du devoir de justice n'a rien d'instinctif. La reconnaissance de l'honnêteté d'une action peut, certes, constituer un motif pour l'adopter *une fois la justice instituée*. Mais il faudrait qu'une inclination naturelle nous pousse *invariablement* et *directement* à la justice pour que l'on puisse vraiment considérer cette vertu comme «naturelle».

Cependant – et c'est la seconde étape de l'argumentation de Hume – la nature humaine ne présente «naturellement» aucune inclination de ce type. Réapparaît en ce point la distinction entre l'originel (le naturel) et le raffiné (l'artificieux) : elle permet à Hume d'exclure, en premier lieu, que le souci de l'intérêt personnel puisse *immédiatement* constituer « le motif légitime de toutes les actions honnêtes »[4]. À considérer, en effet, les «mouvements *naturels*» de l'intérêt – et non pas ses mouvements *corrigés* et plus «réfléchis» dont nous verrons qu'ils sont à l'origine de l'institution de la justice et de son obligation intéressée – on comprend qu'un tel motif est si loin

1. *TNH*, 3.2.2.14, p. 94.
2. Cf. *TNH*, 3.2.2.8, p. 88-89.
3. *TNH*, 3.2.6.9, p. 139.
4. *TNH*, 3.2.1.10, p. 79.

d'inciter les hommes à l'honnêteté qu'il les pousse, bien plutôt, à l'injustice et à la violence. D'autres motifs auraient bien une direction plus appropriée. Mais leur *réalité*, leur *universalité*, ou encore leur *constance*, sont à suspecter. La « considération de l'intérêt public » semble ainsi un bon prétendant, mais ce motif est trop « sublime » pour toucher l'humanité dans son ensemble. Surtout, et Hume y revient sans cesse, loin que chaque acte d'honnêteté serve *directement* l'intérêt public, c'est d'une manière plus *indirecte* que la justice y contribue. « L'amour de l'humanité » se voit quant à lui rejeté en raison de son manque de *réalité* : on n'aime jamais un homme *comme tel*, c'est-à-dire, sans « cause », ou encore, sans qu'une « relation » nous unisse à lui [1]. Enfin, « la bienveillance privée envers le propriétaire », c'est-à-dire, « le souci des intérêts de l'individu en cause » ne saurait donner lieu qu'à des actions honnêtes *intermittentes*. Ainsi, pour reprendre l'exemple du prêt, mon « motif » d'agir justement disparaîtrait à chaque fois que les intérêts du créditeur ne me sembleraient pas exiger la restitution.

Une fois montré que « nous n'avons pas de motif réel ou de motif universel pour observer les lois de l'équité, sinon l'équité elle-même et le mérite tiré de cette observance », et une fois admis que le sens du devoir n'est pas un motif premier, il faut aussitôt reconnaître, que « le sens de la justice et de l'injustice ne vient pas de la nature » mais provient « de l'éducation et des conventions humaines ».

On voit facilement en quoi ce dernier résultat appelle les deux questions auxquelles va ensuite s'attacher l'enquête humienne sur la justice. Dire, en effet, que le sens de la justice provient d'un artifice humain implique de rechercher d'abord la « nature » et l'« origine » de ce dernier, avant de se demander ensuite pourquoi un sens de la vertu et du vice lui est attaché. Et si l'*Enquête sur les principes de la morale*, dont la troisième section est consacrée à la justice, n'examine plus séparément ces deux questions, c'est qu'il se trouve que « l'utilité » de la justice, c'est-à-dire, son « intérêt » pour les hommes, est, à la fois, la *raison* qui l'a fait *instituer* et la *qualité* qui la fait *approuver* [2]. La

---

1. Cf. *TNH*, 2.2. 1 et 2.2. 4.

2. Dans le corps de l'*Enquête sur les principes de la morale*, Hume ne cherche plus à marquer l'écart entre les vertus artificielles (justice, fidélité, bonnes manières, allégeance) et les vertus naturelles. C'est qu'il entend suivre une « méthode très simple » pour

théorie humienne de la justice, à travers son double questionnement, nous semble ainsi fortement prendre en compte ce fait essentiel : *la justice est à la fois une institution et une vertu*. Et la caractérisation humienne de la justice comme une « vertu artificielle » nous paraît précisément destinée à saisir, *d'un trait*, cette ambivalence [1].

Trois remarques permettront de préciser ce que Hume entend par cette « artificialité ».

Premièrement, si Hume considère que « notre sens » (*our sense*) de la vertu de justice « provient » (*arises*) des conventions humaines, il ne pense pas que *notre sentiment d'approbation* de la justice, ce « plaisir » d'un genre particulier qui fait que nous l'appelons vertu, soit lui-même artificiellement produit. Hume ne pense même pas qu'une telle chose soit possible. Approuver une action ou un caractère, c'est en effet, selon Hume, éprouver un certain sentiment de plaisir, tandis que les désapprouver, c'est éprouver une certaine peine ; et seuls ces « sentiments » ou « impressions » « désignent » l'action comme ver-tueuse ou vicieuse, comme moralement bonne ou comme moralement

---

découvrir « l'origine véritable de la morale ». Or cette méthode, qui consiste à analyser en quoi consiste le « mérite personnel », le conduit d'abord à faire ressortir la caractéristique commune aux « vertus sociales » que sont la bienveillance et la justice, à savoir *leur utilité pour autrui*. Cette commune caractéristique fournit ensuite à Hume un facile « accès à l'analyse des autres vertus » : car si l'utilité pour autrui « plaît » moralement, alors, l'utilité d'une qualité pour nous-mêmes, l'agrément d'une qualité pour autrui et, enfin, son agrément pour nous-mêmes, plaisent *a fortiori* (*Enquête sur les principes de la morale*, trad. fr. M. Malherbe, Paris, Vrin, 2002, p. 49). L'*Enquête* sera désormais citée *EPM*, suivie de la section, de la partie, du paragraphe, et de la page dans cette traduction.

1. De ce point de vue, je suis en désaccord avec la principale thèse de B. Barry selon laquelle il y aurait *deux* théories de la justice chez Hume, celle de la justice comme avantage mutuel d'une part, celle de la justice comme impartialité de l'autre, deux théories dont B. Barry juge que Hume (comme Rawls par ailleurs) a échoué à les « réconcilier » (*op. cit.*, p. 152). Selon B. Barry, cette dualité serait due au fait que l'avantage mutuel explique chez Hume *l'origine* des règles de justice mais que ce n'est pas cette circonstance qui, selon Hume lui-même, ferait de la justice une *vertu* (*ibid.*, p. 163). Je discuterai plus bas la lecture que B. Barry fait de « l'approbation morale » de la justice selon Hume. Indiquons simplement que le fait que Hume ne réponde pas dans les mêmes termes aux *deux* questions qu'il pose à la justice – quelle est l'origine de son institution, quelle est celle de son approbation – n'implique pas qu'il soutienne à son propos *deux théories*.

mauvaise[1]. Or Hume considère que « par nature, nous ne pouvons pas plus changer nos propres sentiments que les mouvements des cieux »[2]. La volonté humaine ne saurait selon lui *créer* un nouveau sentiment. De sorte que lorsque Hume déclare que la justice « provoque le plaisir et l'approbation à cause (*by means of*) d'un artifice ou d'une invention », il ne veut pas dire qu'un artifice pourrait, à lui seul, *causer* ce plaisir et cette approbation. L'artificialité de la justice s'accommode donc ainsi selon lui de la naturalité de son approbation.

Deuxièmement, Hume n'exclut pas non plus que la justice puisse, en un certain sens, être qualifiée de naturelle. En effet, si l'on cesse de mettre l'accent sur l'opposition du naturel et de l'artificiel, mais que l'on prend plutôt en compte l'opposition existant entre le naturel et ce qui est « rare ou inhabituel »[3], alors, on voit que la justice est une invention tellement « nécessaire » à l'espèce humaine et si « inséparable » d'elle, que rien n'est plus naturel, en ce sens, que la vertu de justice, et qu'il est parfaitement approprié d'appeler ses règles « *lois de nature* »[4]. Le passage des « premiers rudiments de justice » expérimentés en famille aux règles de justice élargies à la société peut d'ailleurs, lui aussi, se décrire comme un mouvement *naturel*, au sens précis de *nécessaire* ou de *non-accidentel*[5].

Mais si, *troisièmement*, la justice n'est pas, au sens que l'on vient de dire, moins naturelle que d'autres vertus, Hume insiste sur le fait que ce n'est pas *directement* que l'homme y est porté, dans la mesure où ce n'est pas non plus *directement* que son influence bénéfique s'exerce. D'une part, en effet, un homme n'agit de manière juste qu'en « référence » aux actions des autres et dans « l'attente » qu'ils adoptent un comportement semblable[6] alors que, au contraire, un homme agit de manière bienveillante « par un penchant direct », sans se soucier de savoir « si quelque autre personne dans tout l'univers a jamais été avant lui animée par des motifs aussi nobles » ou le sera demain[7].

---

1. *TNH*, 3.1.2.4, p. 68.
2. *TNH*, 3.2.5.4, p. 122.
3. *TNH*, 3.1.2.9, p. 71.
4. *TNH*, 3.2.1.19, p. 83.
5. *TNH*, 3.2.2.14, p. 93.
6. *TNH*, 3.2.2.10, p. 90-91.
7. *EPM*, app. 3.2, p. 155.

D'autre part, la vertu de justice n'est jamais embrassée en raison de son utilité *immédiate* – un acte isolé de justice peut ne servir immédiatement ni l'individu, ni le public – mais toujours en raison d'une utilité *globale*. *A contrario*, « chaque acte particulier de générosité » est bienfaisant pour la « personne particulière » à qui il s'adresse [1]. Une double *obliquité* caractérise ainsi la justice : ce n'est pas directement qu'elle est adoptée, ce n'est pas directement qu'elle sert. La spécificité de la justice par rapport aux autres vertus tient donc sans doute moins à la conjonction des passions et des réflexions qu'elle engage (conjonction finalement tout aussi naturelle que ces deux ingrédients), qu'au fait que chacun n'agit honnêtement que parce que, ayant « observé » ces mêmes « passions » et « réflexions » chez les autres [2], *il attend d'eux qu'ils agissent comme lui*. La justice, en somme, est une vertu éminemment réciproque et *conventionnelle*, si l'on accorde à la « convention » le sens que lui donne Hume, et sur lequel nous reviendrons : « *un sens de l'intérêt que l'on suppose commun à tous, et où chaque acte isolé est accompli dans l'attente que les autres accompliront l'analogue* » [3].

LES « CIRCONSTANCES » DE LA JUSTICE

Cherchant à déterminer l'origine de la justice, Hume montre que cette vertu trouve sa raison d'être dans certaines « circonstances » ou « particularités » à la fois affectives et objectives, propres à la nature humaine et propres aux « objets extérieurs » dont elle a besoin et qu'elle convoite. Ces « circonstances » intérieures et extérieures peuvent être appelées, selon l'expression de Rawls, « circonstances *de la justice* » dans la mesure où, pour Hume comme pour Rawls, il n'y aurait pas « en l'absence de telles circonstances (…) d'*occasion* pour la vertu de justice » [4]. Ce sont ces circonstances qui sont visées dans la

---

1. *TNH*, 3.3.1.13, p. 202.
2. *EPM*, app. 3.9, p. 158.
3. *TNH*, 3.2.2.22, p. 99, je souligne.
4. Rawls, *Théorie de la justice*, § 22, trad. fr. C. Audard, Paris, Seuil, 1997, p. 161, je souligne. Rawls précise au même endroit que son analyse des « circonstances de la justice » suit, pour l'essentiel, celle de Hume.

proposition-clef où Hume assigne à la justice sa véritable origine : « *c'est uniquement de l'égoïsme de l'homme et de sa générosité limitée, ajoutés à la parcimonie de la nature quand elle a pourvu à ses besoins, que la justice tire son origine* »[1]. Une autre proposition, moins ramassée et plus précise, détermine pour sa part *quatre* circonstances à l'origine de la justice, précise qu'elles sont à concevoir comme des « *inconvénients* » auxquels il a fallu « *remédier* », et établit enfin, d'une manière plus rigoureuse, que la justice est née des *conventions* qui constituent ce remède :

> La justice a pour origine des conventions humaines, lesquelles sont voulues pour remédier à des inconvénients issus du concours de certaines *qualités* de l'esprit humain et de la *situation* des objets extérieurs. Ces qualités de l'esprit sont l'*égoïsme* et la *générosité limitée*, et la situation des objets extérieurs est leur *facilité à changer de mains* jointe à leur *rareté* par rapport aux besoins et aux désirs des hommes[2].

Egoïsme et générosité limitée du *tempérament humain*, mobilité et rareté des *biens extérieurs* constituent ainsi, selon Hume, les *quatre* principales circonstances qui sont à l'origine de la justice. À travers ces circonstances, Hume prend position à l'intérieur de plusieurs débats.

L'un concerne la détermination de la principale cause des querelles et des violences entre les hommes. Voulant identifier la principale nécessité qui a poussé les hommes à entrer en société et à instituer la justice, Hume, contre Hobbes ou Locke, minore l'importance et l'inconvénient des attaques *corporelles* et juge plus universelles et plus nocives les atteintes *aux objets*. Hume reconnaît ainsi que les avantages du corps « peuvent nous être enlevés » mais il estime en même temps qu'ils « ne sont d'aucun profit pour celui qui nous en prive ». Les possessions, en revanche, peuvent être transférées « sans subir de perte ou d'altération » et leur rareté rend, en même temps, leur invasion tentante[3]. La stabilisation de ces biens constituera, en conséquence, la meilleure solution à cet inconvénient majeur, de sorte que Hume semble ne pas envisager que la justice puisse concerner

---

1. *TNH*, 3.2.2.18, p. 96.
2. *TNH*, 3.2.2.16, p. 95 (trad. mod.).
3. *TNH*, 3.2.2.7, p. 88.

aussi les violences physiques. En réalité, Hume est loin d'être insensible à l'éminente importance de l'auto-préservation, puisqu'il considère que les règles de justice et de propriété sont légitimement suspendues à chaque fois que celle-ci est en jeu. Il reste que, dans ces cas, c'est une fois de plus à travers l'accaparement des biens extérieurs que le désordre, selon Hume, fait retour[1]. En outre, Hume ne considère pas, comme Mandeville, que la régulation de *l'orgueil* soit la plus nécessaire pour rendre les hommes « supportables les uns aux autres »[2]. Les bonnes manières rendent, certes, la conversation « inoffensive », mais c'est l'établissement de la justice qui assure la sécurité et l'ordre dans la société[3].

Par ailleurs, Hume prend position dans le débat portant sur la nature du tempérament humain. Contre le camp « égoïste » (Hobbes, Mandeville), Hume reconnaît qu'une certaine générosité doit être accordée au caractère de l'homme. Mais, contre le camp « bien-veillant » (Shaftesbury, Hutcheson), il la considère comme *limitée* et il précise surtout « qu'au lieu de former les hommes aux sociétés étendues, une si noble affection leur est presque aussi contraire que l'égoïsme le plus étroit »[4]. L'attachement des hommes pour leur famille et leurs proches amis engendre, en effet, une opposition des passions et des actions qui ne fait qu'accentuer le conflit des égoïsmes.

Enfin, tout en affirmant que c'est le « concours » des circonstances intérieures et extérieures qui doit être tenu pour l'origine de la justice, Hume met singulièrement en avant un *déclenchement* de l'incom-modité affective *par* l'incommodité du milieu qui nous semble

---

1. Cf. *TNH*, 3.2. 8.1, p. 151 : « Dans une guerre avec l'étranger, il y va des biens les plus considérables de tous, la vie et l'intégrité du corps, et puisque chacun évite les places dangereuses, saisit les meilleures armes et cherche une excuse dans les blessures les plus légères, les lois, qui peuvent être assez bien observées quand les hommes sont calmes, ne peuvent plus intervenir quand ils sont dans un tel tumulte ». Voir aussi *EPM*, 3.1. 8, p. 59 : les puissants motifs « de la nécessité et de la conservation de soi » rendent légitime qu'on envahisse la propriété d'autrui.

2. Mandeville, *La fable des abeilles*, 1re partie, trad. fr. L. et P. Carrive, Paris, Vrin, 1998, p. 69-70.

3. *TNH*, 3.2. 2.10, p. 222.

4. *TNH*, 3.2. 2.6, p. 87 (trad. mod.).

constituer une position propre[1]. De sorte que c'est de la *précarité* de la possession des biens extérieurs et de leur *rareté* que naissent, en définitive, les « principaux troubles » dans la société.

À côté de cet « inconvénient » majeur auquel la justice a selon Hume remédié, ce dernier évoque d'autres conditions de possibilité dont l'absence aurait, elle aussi, rendu la vertu de justice soit impensable, soit inutile.

Il s'agit d'abord de « *l'amour entre les sexes* », ce principe de l'union familiale que Hume pose d'ailleurs, implicitement, avec l'existence de la générosité limitée. L'appétit sexuel, « principe premier et originel de la société humaine », débouche en effet, naturellement, sur une « union » familiale, elle-même fondée sur un gouvernement parental bienveillant[2]. Or ce cadre familial fournit aux hommes une « première éducation en société » qui rend ces derniers « sensibles » aux avantages qu'ils peuvent en retirer[3]. C'est également en famille que se trouve pour la première fois inventée la plus fondamentale des règles de justice : celle de la stabilité de la possession, règle que « tous les parents doivent instituer afin de maintenir la paix entre leurs enfants »[4]. Enfin, c'est en accentuant l'existence de ces « premiers rudiments de justice » qui apparaissent au sein de la famille, que Hume peut faire valoir, aussi, l'« évidence » du contenu de la règle de stabilité de la possession et montrer, par là-même, combien il est « absurde » d'inscrire dans une durée (l'état de nature)

---

1. Cf. *TNH*, 3.2.2.7, p. 87 : « [le] désaccord des passions n'entraînerait qu'un danger limité s'il ne coïncidait avec une particularité des *circonstances extérieures*, qui lui fournit une occasion de se déployer ».

2. *TNH*, 3.2.2.4, p. 86. Si la famille est ainsi mise à l'origine de la société et de la justice, le gouvernement parental ne constitue pas pour Hume un *modèle* de société : ni – c'est l'évidence – de la société *sans gouvernement* fondée sur les seules règles de justice, ni de la société *avec gouvernement*. En effet, Hume se détache explicitement de la position patriarcale : « Les camps engendrent les cités (…) [un] même genre d'autorité s'établit naturellement dans le gouvernement civil qui succède au gouvernement militaire. Cette raison, je la tiens pour plus naturelle que celle que l'on tire communément du gouvernement patriarcal ou de l'autorité paternelle qui, dit-on, s'établit d'abord dans une famille et en habitue les membres au gouvernement d'une seule personne » (*TNH*, 3.2.8.2, p. 152).

3. *TNH*, 3.2.2.9, p. 89 et § 4, p. 86.

4. *TNH*, 3.2.2.14, p. 93.

les désordres issus des mouvements « aveugles » des passions [1]. Mieux vaut considérer, au contraire, la « toute première situation » ou le « tout premier état » de l'homme « comme sociaux » [2] et montrer, ensuite, comment la préservation de cette société et son élargissement exigent l'institution de la justice. C'est ainsi que, dans l'*Enquête sur les principes de la morale*, l'appétit sexuel se trouvera explicitement présenté comme l'une des conditions grâce auxquelles *la justice* est apparue :

> Supposez que l'union des sexes soit établie dans la nature : aussitôt la famille se forme ; et comme on sent que certaines règles particulières sont nécessaires à sa subsistance, aussitôt on les adopte, sans, il est vrai, étendre leurs prescriptions au reste de l'humanité. Supposez maintenant que diverses familles se réunissent pour former une unique société, totalement séparée de toutes les autres, les règles qui servent à maintenir la paix et l'ordre s'étendent alors jusqu'aux limites de cette société (…) [3].

Une autre condition propre au contexte originel de la justice est l'*égalité relative des forces du corps et de l'esprit parmi les hommes*, égalité relative que Hume met en avant dans l'*Enquête sur les principes de la morale* :

> S'il y avait, mêlée aux hommes, une espèce de créatures qui, quoique rationnelles, fussent d'une force si inférieure de corps et d'esprit qu'elles seraient incapables de toute résistance (…) nous serions obligés par les lois de l'humanité de les traiter avec douceur, mais à proprement parler, nous ne serions à leur égard tenus par aucun devoir de justice (…). Notre commerce avec elles ne mériterait pas le nom de société, faute d'un minimum d'égalité ; ce serait commandement absolu d'un côté et obéissance servile de l'autre [4].

Une telle inégalité aboutirait, en somme, à une domination d'un groupe sur l'autre, avantageant exclusivement l'un des deux, et non à

---

1. *Ibid.*, p. 94.
2. *Ibid.*, p. 93.
3. *EPM*, 3.1.21, p. 64.
4. *EPM*, 3.1.18, p. 63. S'agissant des cas d'inégalité intellectuelle ou physique, Hume pense prioritairement au rapport existant entre les hommes et les animaux.

cette *association en vue de l'avantage mutuel* dont on va voir qu'elle est au fondement de la conception humienne de la convention.

Enfin, on pourrait compter également au nombre des conditions de possibilité de la justice les « inconvénients » qui sont propres, selon Hume, à la créature humaine *isolée* et qui expliquent pourquoi la *société* s'est avérée avantageuse. En effet, si ce sont les « troubles sociaux » issus de l'incommodité affective et de celle du milieu qui constituent *les inconvénients propres que la justice doit pallier*, c'est parce que *la société* remédie à *d'autres inconvénients* qu'il s'avère, selon Hume, avantageux de la « préserver » grâce à la justice. *La justice n'est nécessaire à l'homme que parce que la société l'est aussi.* C'est la raison pour laquelle la section sur « L'origine de la justice » s'ouvre sur le traditionnel tableau d'un homme moins généreusement pourvu que ses compagnons de création et chez qui « l'on peut observer à son plus haut degré d'achèvement » une conjonction monstrueuse de faiblesse et de besoin [1].

À examiner, comme nous venons de le faire, les quatre « circonstances » de la justice et, plus largement, l'ensemble de ses conditions *sine qua non*, on ne saisit de l'origine de la justice qu'un « contexte », pour reprendre l'expression de Rawls. Or Hume, dans la section sur « L'origine de la justice », fait bien plus. Cherchant à examiner, plus largement, « la manière dont les règles de justice sont établies par l'artifice des hommes », Hume, premièrement, identifie dans la nature humaine le *motif* qui a conduit les hommes à les inventer et à les adopter, deuxièmement, détermine le *contenu* de la principale convention de justice – la règle de stabilité de la propriété – et enfin, troisièmement, rend compte de la *stabilité* de cette dernière. Par le premier et le troisième de ces points, Hume nous semble fournir deux modes d'explication du comportement juste. Par le second, il établit l'identité de la justice et de la propriété, une question que nous examinerons en dernier lieu.

---

1. *TNH*, 3.2.2.2, p. 84-85.

POURQUOI ÊTRE JUSTE ?

La justice, produit de l'autorégulation de l'amour du gain

Comme on l'a vu, Hume considère qu'aucun motif « naturel » n'est assez « réel ou universel » pour susciter constamment un comportement juste : l'amour de l'humanité est un leurre ; le souci des intérêts de la partie en cause est trop intermittent ; le souci de l'intérêt personnel ne l'est pas moins et le jeu de ses « mouvements *naturels* » conduit, en général, à l'injustice. Par cette réserve, Hume sous-entend que la *correction* de tels mouvements pourrait s'avérer, elle, source de justice, mais il se laisse le soin de déterminer quel pourrait être le motif d'une telle correction. C'est ce qu'il fait dans la section sur « L'origine de la justice », où la passion de « l'amour du gain » (encore désignée comme « avidité d'acquérir des biens et des possessions pour nous-mêmes et nos amis les plus proches », « penchant intéressé », « passion de l'intérêt personnel », « intérêt personnel », « intérêt ») se trouve présentée. Présentée *d'abord*, lorsqu'« elle agit sans aucune retenue et laisse libre cours à ses mouvements premiers et très naturels », comme la passion la plus *destructrice* de la société ; présentée *ensuite* comme la seule tendance de l'esprit humain capable de corriger ses mouvements les plus spontanés, et de préserver ainsi la société. « *L'origine de la société* » se trouve ainsi expliquée par un simple « *changement de direction* » de la passion intéressée [1]. Or cette réorientation spontanée de l'amour du gain s'avère aussi être une explication cohérente de *l'origine de la justice*. Car si Hume considère que c'est par « l'insti-tution de la règle qui vise la stabilité de la possession » que se contraint l'amour du gain [2], portant ainsi remède à la principale cause des désordres *sociaux*, cette règle se trouve être aussi la plus fondamentale des « lois de nature » ou « règles *de justice* ». De sorte que *la justice elle-même peut alors apparaître comme le produit de l'amour du gain*. D'une part, en effet, c'est bien une meilleure satisfaction de l'amour du gain qui se voit paradoxalement permise par sa contrainte : « en maintenant la société, nous favorisons beaucoup plus l'acquisition de biens que si l'on se précipite dans la condition de solitude et

---

1. *TNH*, 3.2. 2.13, p. 93, je souligne.
2. *TNH*, 3.2. 2.14, p. 93.

d'abandon qui suit inévitablement la violence et une licence universelle»[1]. D'autre part, on vient de le dire, c'est manifestement *par* la première règle fondamentale de la justice que se contraint l'amour du gain. Et enfin, la meilleure satisfaction de la passion intéressée entraîne, à sa suite, celle de l'ensemble des appétits[2]. C'est ainsi que la justice, initialement présentée par Hume comme le produit de *l'inventivité de l'espèce humaine*, en vient finalement à être posée comme le produit de *l'inventivité des passions elles-mêmes*[3] ou, mieux, comme le produit de la passion la plus dangereuse *et* la plus vigilante de toutes : l'amour du gain. Et comme c'est à la «moindre réflexion» que cette dernière passion «change de direction» et se régule elle-même, le rôle du jugement dans l'invention de la justice s'avère *instrumental* et non *impulsif* : la raison apparaît ici, comme ailleurs, entièrement au *service* des passions[4].

Intérêt et amour du gain sont donc, chez Hume, synonymes. Et cette «affection intéressée» est à l'origine de la justice. Bien que Hume emploie également l'expression équivalente de «passion de l'intérêt personnel» et bien qu'il place même parfois l'«amour de soi» (*self-love*)[5] à l'origine de la justice, l'affection qu'il désigne ainsi n'est pas étroitement tournée vers le moi : c'est à l'acquisition de biens pour nous-mêmes *et pour nos proches* (consanguins ou familiers) qu'elle aspire. C'est la satisfaction de notre intérêt propre *et du leur* que vise la contrainte dans des règles de justice. En outre, et tout en plaçant l'«affection intéressée» à l'origine de l'institution des règles de justice, Hume considère que c'est par un certain «sens de l'intérêt commun» qu'il convient de décrire *la manière* dont ces règles

---

1. *TNH*, 3.2. 2.13, p. 93 (trad. mod.).

2. « Plus étendues sont nos possessions, plus grande est notre capacité de satisfaire tous nos appétits » (*ibid.*, p. 92-93).

3. « Rien n'est plus vigilant ni plus inventif que nos passions, et rien n'est plus évident que la convention qui établit l'observance [des règles de justice] » (*TNH*, 3.2. 6.1, p. 133).

4. Sur la théorie humienne de la raison instrumentale, «esclave» des passions, cf. *TNH*, 2.3. 3. Le redressement des mouvements naturels et irréfléchis de l'amour du gain correspond à la *seconde* des deux sortes d'influence de la raison admises par Hume : la raison peut influencer l'action « quand elle révèle la connexion des causes et des effets de façon à nous procurer les moyens d'exercice d'une passion donnée » (3.1. 1.12, p. 53).

5. *TNH*, 3.2. 6.6, p. 136.

s'établissent. Or cette référence au « sens de l'intérêt commun » constitue une seconde façon de rendre compte du *comportement juste* : non plus, cette fois, à partir du motif qui a poussé les hommes, en général, à *inventer* les règles contraignantes de la justice, mais à partir du motif qui pousse chaque homme à *adhérer* à la justice comme à une forme de comportement collectif et réciproque. La justice apparaît, de ce point de vue, comme une *convention de coordination*.

La convention de justice et sa stabilité : la justice comme avantage mutuel

Comme le remarque John Rawls dans le cours qu'il a consacré à la théorie humienne de la justice et, plus particulièrement, à la section III, 2, 2 du *Traité*, une convention de justice possède selon Hume deux aspects ; d'un côté, son *contenu* (défini par une *règle* dont nous examinerons des exemples plus loin) et de l'autre, « la conscience partagée d'un intérêt commun, que tous les membres de la société se communiquent réciproquement » et qui les amène tous à se conformer à la règle en question[1]. Hume est même plus radical que cela. Il *identifie* la *convention* à un « *sens général de l'intérêt commun* »[2]. Ce faisant, Hume, *premièrement*, désolidarise la convention de la promesse ; il suit en cela la critique que Pufendorf avait opposée à Hobbes[3]. Et il se ménage, du même coup, la possibilité de comprendre l'institution des promesses comme l'une des plus fondamentales conventions de justice : il s'agit, en l'occurrence, de la troisième « loi de nature ».

Par cette même identification, Hume, *deuxièmement*, cherche à rendre compte de l'adoption du comportement juste. On lit ainsi, à propos de la convention fondamentale qui confère la stabilité aux possessions :

1. J. Rawls, *Leçons sur l'histoire de la philosophie morale*, trad. fr. M. Saint-Upéry et B. Guillarme, Paris, La Découverte, 2002 (désormais cité *Leçons*), p. 68.

2. Cette identité est posée en *TNH*, 3.2. 2.10, p. 90 et *EPM*, app. 3. 7, p. 157.

3. Je me permets de renvoyer sur ce point à mon livre *L'autorégulation chez Hume*, Paris, PUF, 2005, p. 211-213.

> Ce n'est qu'un sens général de l'intérêt commun, sens que les membres de la société s'expriment les uns aux autres, *et qui les conduit à régler leur comportement selon certaines règles*[1].
>
> Chaque membre de la société est conscient de cet intérêt; ce sens, chacun l'exprime à ses compagnons, ainsi que la résolution qu'il a prise d'y faire correspondre ses actes, à la condition que les autres fassent de même. Rien d'autre n'est requis pour conduire n'importe lequel d'entre eux *à accomplir un acte de justice dès qu'il en a l'occasion*[2].

C'est ici l'attente (et non la promesse) d'une réciprocité qui fonde l'adoption du comportement juste. On a déjà dit que, pour Hume, le propre de la vertu de justice est de ne produire d'effets bénéfiques qu'à travers un système général d'applications. On comprend maintenant que c'est justement l'attente d'une telle conformation *générale* qui motive, selon lui, chaque conformation *particulière*. Et on comprend, du même coup, pourquoi il va de soi, à ses yeux, *qu'il est rationnel d'être juste*. Si chacun, admet-il, « a des raisons *de souhaiter* que pour [tel acte particulier de justice], les lois de justice soient, dans tout l'univers, un instant suspendues »[3], il n'est pas, pour autant, rationnel de *commettre* des actes qui présupposent une exception à ce plan. À celui qui estimerait « que la conduite la plus sage est d'observer la règle générale et de tirer profit de toutes les exceptions »[4], Hume répond, en effet, que l'injustice ne saurait demeurer longtemps secrète. Or son dévoilement – hautement probable – exclut automatiquement la personne qui s'y livre du système juridique et social dont elle croyait pouvoir profiter sans y participer *systématiquement*[5].

Enfin, et *troisièmement*, la définition de la convention comme sens de l'intérêt commun est également une manière, pour Hume, de rendre compte de la *stabilité* de la justice, à travers celle du comportement juste. Hume montre, en effet, que la conformation aux règles de justice va se renforçant à mesure que chacun acquiert *confiance* dans le caractère partagé du « sens de l'intérêt ». Hume aborde ce problème de la confiance à travers l'anticipation d'un argument que l'on retrouvera

1. *TNH*, 3.2.2.10, p. 90, je souligne.
2. *TNH*, 3.2.2.22, p. 99, je souligne.
3. *Ibid.*, p. 98, je souligne.
4. *EPM*, 9.2.22, p. 138.
5. *EPM*, 9.2.24, p. 138.

dans des termes proches chez Mancur Olson [1] ou John Rawls [2]. Pour Hume comme pour ces deux auteurs, la confiance mutuelle peut, en matière d'accord collectif, se passer de coercition lorsque le groupe social concerné est *de petite taille*, alors qu'elle s'avère nécessaire *dans les grands groupes*, avec alors toutes ses conséquences institutionnelles notamment en matière judiciaire. D'après Hume, en effet, c'est seulement dans les sociétés « étendues » et « raffinées » (là où les biens à convoiter sont plus nombreux) que le sens de la confiance dans l'intégrité des autres disparaît :

> Vous avez la même tendance que moi à préférer ce qui est contigu à ce qui est lointain. Vous êtes, donc, naturellement porté à commettre des actes d'injustice, comme je le suis. Votre exemple me pousse à aller plus loin dans cette voie, par mimétisme, et en même temps, il me donne une raison nouvelle de manquer à l'équité, en me montrant que je serai la dupe de mon intégrité, si j'étais seul à m'imposer une contrainte sévère, alors qu'alentour, les autres ont des mœurs licencieuses [3].

Et c'est dans ce même type de sociétés que l'institution d'un gouvernement devient nécessaire. Dans les petites sociétés, en revanche, l'intérêt que les hommes trouvent à se conformer aux règles de justice est suffisamment perceptible pour qu'il suffise à les leur faire respecter en l'absence de coercition :

> J'observe qu'il sera de mon intérêt de laisser autrui en possession de ses biens, *pourvu* qu'il agisse de même avec moi. Il a conscience d'avoir un intérêt semblable à régler sa conduite. Quand ce sens de l'intérêt

---

1. M. Olson, *The Logic of Collective Action* (1965), trad. fr. M. Levi, *Logique de l'action collective*, Paris, PUF, 1978. L'auteur montre que l'obtention des biens collectifs se passe de tout adjuvant dans les très petits groupes (ni coercition, ni même accord informel n'y sont requis), alors que la réussite des grands groupes nécessite la coercition ou l'encouragement externe.

2. Rawls s'accorde avec M. Olson pour penser que « dans une communauté nombreuse, on ne doit pas s'attendre à ce que la confiance mutuelle dans l'intégrité des uns et des autres ait un degré tel qu'elle rende inutile la coercition » (*Théorie de la justice*, § 42, p. 309). Rawls salue l'anticipation huméenne de cet argument dans ses *Leçons* (p. 71).

3. *TNH*, 3.2.7.4, p. 144-145 (trad. mod.).

commun est mutuellement exprimé et qu'il est connu des deux, il produit une résolution et un comportement qui lui correspondent[1].

C'est après cctte évocation de la réussite de deux acteurs juridiques parvenant à s'accorder, pour leur avantage mutuel, sur la règle de stabilité de la possession que Hume introduit l'exemple fameux des *deux* rameurs parvenant à faire avancer leur embarcation « selon un accord ou une convention » mais sans avoir échangé de promesse. Or cet exemple – à valeur de paradigme – est destiné, entre autres fonctions[2], à montrer la stabilité que Hume prête aux règles fondamentales de justice *à l'intérieur des petits groupes.* L'exemple des deux rameurs trouvera en effet un écho plus loin dans le *Traité,* lorsque Hume évoquera la réussite de « deux voisins » capables de « s'entendre pour drainer une prairie qu'ils possèdent en commun, *parce qu'il leur est facile de connaître réciproquement leurs pensées, et [que] chacun doit percevoir que la conséquence directe de son manquement serait l'abandon du projet dans sa totalité* »[3]. Or Hume s'attachera précisément, dans ce passage, à mettre en contraste cette réussite des actions collectives à deux, avec la *difficulté* qu'éprouveraient « mille personnes » à s'entendre sur un projet de ce genre comme avec l'*échec* probable d'un tel projet, dans la mesure où il est extrêmement tentant pour chacun de chercher « un prétexte pour sc libérer de la peine et de la dépense » et de laisser « tout le fardeau aux

---

1. *TNH*, 3.2. 2.10, p. 90 (trad. mod.).

2. L'une de ces fonctions est de montrer la possibilité d'une *coordination tacite,* ce qui permet de distinguer fortement « *l'expression* » du sens de l'intérêt qu'on a à respecter la justice (cette expression peut consister, par exemple, en une abstention : celle des possessions d'autrui) de la *formulation* explicite d'une promesse (l'institution de la formule verbale « Je promets » relève d'ailleurs, selon Hume, d'une convention). Dans son analyse célèbre du paradigme des rameurs, David Lewis insiste sur le fait que la « connaissance » entrant dans les conventions peut être une connaissance « non verbale » : c'est sur elle que se fondent, selon Lewis, les attentes des deux rameurs, bien qu'aucun des deux ne puisse en donner une « description verbale » (D. K. Lewis, *op. cit.*, p. 63-64). Rawls relève à juste titre une autre fonction de l'exemple des rameurs : souligner le caractère « simple » et « évident » des règles fondamentales de la justice, sur ce point comparables à la convention des rameurs (*Leçons*, p. 70). J'ai pour ma part proposé une description « systémique » du paradigme des rameurs dans *L'autorégulation chez Hume, op. cit.*, p. 325.

3. *TNH*, 3.2. 7.8, p. 148, je souligne.

autres »[1]. Hume considère ainsi que l'institution d'un gouvernement s'avère nécessaire pour prévenir un tel échec en sanctionnant le comportement des *free-riders* sévissant à l'intérieur des grands groupes[2]. Une telle institution n'est pas nécessaire tant que l'intérêt qu'ont les hommes à observer les règles de justice est « tangible et manifeste »[3]. C'est le cas, selon Hume, dans une société « étroite et resserrée », où les hommes perçoivent facilement « que la confusion et le désordre suivent toute transgression de ces règles »[4]. Et c'est encore le cas, selon lui, « dans l'enfance de la société », où les biens sont si peu nombreux et de si peu de valeur que les hommes sont peu tentés d'en déposséder les autres[5]. De la sorte, il s'avère parfaitement possible, à ses yeux, de maintenir « un certain temps » la société *sur le seul fondement de la justice*, « sans avoir recours » à l'institution d'un gouvernement[6].

La justice constitue ainsi, selon Hume, du moins dans les petites sociétés peu raffinées, une convention *stable*. Comme les rameurs, les acteurs juridiques n'ont qu'à se fonder sur un sens de l'intérêt commun éprouvé, « exprimé », et constaté chez les autres, pour agir justement.

L'obligation morale de la justice : un renfort de l'intérêt

Comme nous avons déjà eu l'occasion de l'indiquer, l'explication de l'approbation morale de la justice constitue, après celle de l'origine de son institution, le second pan de l'enquête humienne sur la justice. Cette explication se donne ici comme simplement destinée à rendre compte, par la sympathie, du fait que la justice soit qualifiée de vertu :

1. *Ibid.*
2. « Les magistrats trouvent un intérêt immédiat à l'intérêt de n'importe quel groupe important de leurs sujets. Ils n'ont besoin de consulter personne d'autre qu'eux-mêmes pour former un plan qui serve cet intérêt. Et *puisque le manque d'un seul élément, dans l'exécution de ce plan, est lié, bien qu'indirectement, à l'échec de l'ensemble, ils préviennent cet échec* » (*ibid.*, je souligne).
3. *TNH*, 3.2.7.1, p. 143.
4. *TNH*, 3.2.2.24, p. 100.
5. *TNH*, 3.2.8.1, p. 150.
6. *Ibid.*

> Quand l'injustice est éloignée de nous au point de ne toucher notre intérêt d'aucune façon, elle nous déplaît (…) parce que nous la regardons comme préjudiciable à la société des hommes et pernicieuse pour tous ceux qui approchent la personne qui en est coupable. Nous partageons leur souffrance par sympathie, et puisqu'on appelle *vice* tout ce qui, dans les actions des hommes, donne à souffrir quand on le considère en général, et que l'on nomme *vertu* tout ce qui produit une satisfaction de la même manière, voilà la raison pour laquelle le sens du bien et du mal en morale suit la justice et l'injustice [1].

Hume applique ici au comportement juste ou injuste l'explication par laquelle il rend compte, en général, de l'évaluation morale des caractères (ou des actions qui en sont les *signes*). À cet égard, il n'est pas faux d'écrire, comme B. Barry que l'adoption du point de vue moral relève, selon Hume, d'une recherche d'impartialité. Mais ce commentateur va plus loin puisqu'il considère qu'en faisant dépendre *l'approbation* du comportement juste d'une exigence d'impartialité, Hume en serait venu à admettre l'existence d'un *motif moral irréductible à l'intérêt* et capable de rendre compte, à lui seul, de *l'adoption* du comportement juste [2]. Ce pas ne nous semble pas franchi par Hume. Ce dernier considère, il est vrai, que l'estime accordée à la justice engendre une obligation morale qui supplée à l'intérêt lorsque « la société est devenue nombreuse et a atteint les dimensions d'une tribu ou d'une nation » [3]. Dans ces circonstances, en effet, l'intérêt qu'ont les hommes à observer systématiquement les règles de justice n'est pas aussi patent (et donc pas aussi contraignant) qu'« à la première formation de la société ». C'est alors que le sentiment de la moralité de la justice « *rejoint l'intérêt* et devient une *nouvelle obligation* qui s'impose aux hommes » [4]. Cependant de ce point de vue, l'obligation morale de la justice n'est jamais dans l'esprit de Hume qu'un *soutien* de l'intérêt (à cet égard sa fonction est comparable à

---

1. *TNH*, 3.2.2.24, p. 100-101.
2. B. Barry, *op. cit.*, p. 167.
3. *TNH*, 3.2.2.24, p. 100.
4. *TNH*, 3.2.5.12, p. 129, je souligne. Hume donne cette précision quand il en vient à discuter la règle de l'obligation des promesses. Il est moins clair dans la section 3.2.2, puisqu'il n'écrit pas explicitement que *l'approbation* morale de la justice donne lieu à une *obligation* du même ordre : il me semble néanmoins que cette implication est sous-entendue.

l'institution du gouvernement). Loin d'y apercevoir, comme le pense B. Barry, un motif qui lui serait irréductible, Hume y voit bien plutôt un simple motif supplémentaire, lui-même susceptible d'être renforcé par d'autres adjuvants, comme l'éducation privée ou publique et le souci de notre réputation [1]. En outre, et surtout, Hume décrit ailleurs sans aucune ambiguïté l'« étroite relation » qui unit selon lui l'obligation d'intérêt (qu'il nomme « obligation naturelle ») et l'obligation morale : étant donné que la première, écrit-il, « fait naître » la seconde [2], il s'agit d'une *relation causale*.

JUSTICE, PROPRIÉTÉ ET ORDRE PUBLIC

Hume est souvent accusé d'avoir réduit le domaine du juste à celui des règles de propriété [3]. De plus, il ne s'interroge pas sur la *justice* de telles règles (leur *intérêt* pour le public, c'est-à-dire, le fait qu'elles soient « les meilleures dans la pratique » [4], suffit à les légitimer) et il considère, en outre, qu'une distribution conforme à ces règles est, par définition, juste. Montrons à présent comment s'opère, dans son système, cette « réduction ». Montrons surtout comment, loin d'y tomber sous l'effet d'un malheureux préjugé conservateur, il la *justifie philosophiquement*.

La « réduction » de la justice à des règles de propriété n'est, du point de vue de Hume, pas autre chose que la mise au jour d'une fondamentale *co-implication* qu'il repère au moment où il détermine le contenu de la plus fondamentale des règles de justice, la première « loi de nature ». Étant donné, d'une part, que le principal problème auquel l'institution de la justice a voulu remédier est l'instabilité des biens extérieurs ajoutée à leur rareté. Compte tenu, d'autre part, du fait que

1. *TNH*, 3.2. 2.25-27, p. 101-102.
2. *TNH*, 3.2. 8.7, p. 158. Ailleurs, Hume évoque la proportionnalité de ces deux obligations, en constatant, à propos de la justice entre les nations, qu'une « diminution de l'intérêt » produit « un relâchement de la moralité » (*TNH*, 3.2. 11.5).
3. Ainsi, dans *Hume's Theory of Justice*, Oxford, Clarendon Press, 1981, J. Harrison déplore l'acception trop étroite que Hume donne à la justice et la trop grande place qu'il accorde à la propriété (*cf.* p. 42).
4. Je reprends ici un commentaire de John Rawls sur Hume (*Leçons*, p. 71-73).

la rareté ne saurait être institutionnellement palliée : c'est à la mobilité des biens extérieurs que les conventions humaines doivent, prioritairement, remédier. La première « loi de nature » se trouve ainsi directement *déduite* des « circonstances » que Hume a pris soin d'identifier : il s'agit de la convention instituant la stabilité des biens extérieurs. Sa justification est tout simplement la suivante : la préservation de l'ordre social implique l'élimination de ses principaux « troubles » *or* « cela ne peut être fait d'aucune autre manière » que par une convention conférant artificiellement une certaine « constance » à des biens dont la possession est naturellement « précaire ». La *propriété* – qui n'est jamais rien d'autre qu'une *possession stable* – apparaît ainsi dès l'institution de cette convention, ce qui revient à dire qu'elle apparaît *avec la justice* : c'est « le même artifice » qui « donne naissance aux deux »[1] et qui fait naître, avec elles, les notions de « droit » et d'« obligation ». Si donc la justice et la propriété s'identifient ou, mieux, *s'impliquent réciproquement*, c'est dans la simple mesure où *elles apparaissent conjointement*.

Cette coextensivité de la justice et de la propriété invalide directement, selon Hume, la définition « courante » de la justice comme « *volonté constante et perpétuelle de donner à chacun son dû* »[2]. Un dû est en effet ce qui *doit* revenir à chacun en *propre*, ce à quoi il a *droit*, de sorte que la définition en question présuppose que le droit, la propriété et l'obligation seraient *antérieurs* à la justice[3]. Pour Hume, c'est l'inverse qui est vrai : ce sont les conventions humaines – autrement dit, la justice – qui *déterminent* ces notions.

La nécessité de préserver l'ordre social justifie donc, selon Hume, que le contenu de la plus fondamentale des règles de justice soit l'établissement de la *propriété*. Ce même argument lui permet de montrer, ensuite, qu'aucune considération *autre* que celles qui ont

---

1. *TNH*, 3.2. 2.11, p. 91.

2. Cette réfutation se trouve en *TNH*, 3.2. 6.2-3, p. 134-135. La définition en question se trouve dans Platon, Cicéron, les *Institutes* de Justinien, Pufendorf, etc. ; l'édition « Oxford Philosophical Texts » du *Traité* fournit les références (p. 544).

3. À travers la « définition courante » de la justice, Hume en vient ainsi, implicitement, à réfuter Locke, pour qui chacun est, dès l'état de nature, *propriétaire* de sa vie, de sa liberté et de ses biens, et soumis à *l'obligation* de respecter la loi de nature qui lui recommande de préserver sa vie et, autant que possible, celle du genre humain.

trait à la possession ne puisse adéquatement gouverner la justice dans ses décisions.

L'ensemble des règles qui « déterminent la propriété » se trouve ainsi chargé d'« appliquer » la règle fondamentale de stabilité des possessions en *attribuant* ces dernières. Dans le *Traité*, Hume définit cet ensemble d'une manière qui peut sembler complète, en montrant que la possession présente (à la première formation de la société), puis la première possession, la longue possession, l'accession et la succession constituent autant de « sources » de propriété sur lesquelles un accord a dû naturellement se former. Hume ne nomme cependant pas ces cinq règles « lois de nature », ce qui indique selon nous qu'il n'est pas dogmatique sur leur détermination. Dans l'*Enquête sur les principes de la morale*, il modifiera d'ailleurs quelque peu cette liste et, surtout, il la laissera ouverte : « quand il faut donner une définition de la *propriété*, on trouve que cette relation se ramène à une possession acquise par occupation, par industrie, par prescription, par héritage, par contrat, *etc.* »[1]. L'essentiel en effet, selon Hume, est que de tels critères (ou d'autres, équivalents) aient pu produire un *accord*, soit en raison de leur *utilité* évidente pour le public, soit en raison d'une *saillance* de ces caractéristiques, capable de faire converger sur elles les esprits[2]. Ainsi, pour montrer *l'utilité* de ces règles, Hume constate qu'en faisant du premier possesseur d'un bien son légitime propriétaire, les hommes ont reçu l'avantage de ne jamais « laisser la propriété en suspens »[3]; quant à l'institution de l'héritage, elle favorise considérablement l'industrie humaine[4]. Mais ces deux mêmes règles s'avèrent aussi capables d'éveiller *l'imagination* : la première possession est manifestement celle qui « attire toujours le plus l'attention », tandis qu'une « association d'idées » « nous conduit naturellement à nous tourner vers le fils après le décès de l'un de ses parents ». Utilité et focalisation imaginaire combinent ainsi éventuellement leurs effets. Hume, en sceptique, s'attache assez longuement à montrer que

---

1. *EPM*, 3.2. 41, p. 71, je souligne.
2. Dans la littérature contemporaine, le *locus classicus* sur la coordination par saillance est T. Schelling, *The Strategy of Conflict* (1960), chap. 3-4, trad. fr. R. Manicacci, *Stratégie du conflit*, Paris, PUF, 1986.
3. *TNH*, 3.2. 3.6, p. 108.
4. *TNH*, 3.2. 3.11, p. 114-115.

ce peut être seulement la plus « frivole » de ces deux causes de sélection qui agit. Il lui semble ainsi que l'accession ne puisse s'expliquer que par l'imagination[1]. Une détermination « rationnelle » de « l'existence » ou de « l'étendue » d'une première possession lui semble également hors de portée, surtout lorsque plusieurs individus ou nations prétendent à ce titre[2]. En remarquant, cependant, que ce genre de controverses ne peut être *tranché* « par aucune autre faculté que l'imagination », Hume accorde à cette faculté une fonction qui s'avère éminemment *utile* : celle d'induire des décisions capables de *fixer* la propriété en lieu et place de « demi-droits » *apparemment* plus équitables, mais incompatibles avec cette même fixation[3]. Dès lors, qu'elles soient directement utiles au public ou parfois seulement suggérées par l'imagination, les « circonstances » déterminant la propriété doivent surtout s'avérer capables de « couper court à toutes les occasions de discorde »[4]. Telle est en définitive, selon Hume, la seule considération qui justifie leur choix.

Le maintien de l'ordre public justifie ainsi la sélection que Hume propose des règles déterminant la propriété. Et ce même argument lui sert à rejeter d'autres critères qui pourraient servir à cette détermination. Hume montre ainsi que la justice serait source de discorde si elle devait prendre en compte, dans ses décisions, « l'adaptation ou l'inadaptation des objets aux personnes particulières »[5], autrement dit, *leurs besoins (ou encore, leurs désirs)*[6]. La mise à l'écart d'un tel critère paraît même à Hume indispensable à *l'impartialité* de la justice d'une part (les besoins sont toujours évalués avec partialité et passion), et au *traitement égal* des justiciables de l'autre : « qu'un homme soit généreux ou avare », il doit pouvoir obtenir de la justice « une décision en sa faveur, même pour ce qui lui est complètement inutile »[7]. Pour la même raison, une règle d'assignation de la propriété à proportion du *mérite* doit être rejetée. Hume souligne en effet qu'une

---

1. *TNH*, 3.2. 3.10, n. 75, p. 113.
2. *TNH*, 3.2. 3.7-8, p. 108-111.
3. *TNH*, 3.2. 6.8, p. 138-139.
4. *TNH*, 3.2. 3.2, p. 105.
5. *Ibid.*
6. *TNH*, 3.2. 4.1, p. 118.
7. *TNH*, 3.2. 3.2, p. 105.

telle attribution, avantageuse en théorie, n'échapperait pas, en pratique, à la controverse : le mérite est chose « incertaine à la fois par son obscurité naturelle et par la vanité personnelle de chacun »[1]. Une distribution *égale* de la propriété semble à Hume tout aussi *impraticable*, à quelques exceptions près, et hautement *pernicieuse* à supposer qu'on puisse la pratiquer[2]. Hume montre en effet, d'abord, que la différence d'application au travail d'exploitation romprait naturellement l'égalité initiale des possessions et, ensuite, qu'un contrôle autoritaire de l'industrie humaine entraînerait une baisse générale du niveau de vie. À quelle autorité, d'ailleurs, confierait-on la charge de maintenir cette égalité des possessions ? Le nivellement de la propriété aboutirait fatalement à un nivellement du pouvoir, ce qui achève de montrer le caractère impraticable d'une telle mesure.

Enfin, Hume montre qu'une détermination de la propriété qui voudrait *directement* favoriser, en chaque occurrence, « l'intérêt public », s'avérerait elle aussi néfaste. Un « bigot séditieux » ou un avare sont, certes, plus pernicieux pour le public qu'un père de famille industrieux, mais la justice ne saurait défavoriser les premiers au profit du second. Car rechercher ainsi, à travers un cas par cas pointilliste, la plus grande utilité pour le public reviendrait, selon Hume, à rendre justice par des jugements *particuliers* accordés aux *circonstances* et fonction des *caractères*, l'ordre public réclamant, au contraire, des principes de justice *impersonnels*, *généraux* et *inflexibles*. La maximisation de l'utilité totale du groupe, en somme, ne semble pas à Hume pouvoir constituer une *règle* car cette recherche équivaut, en pratique, à l'application d'une « conception *particulière* » (c'est-à-dire, *contextualisée*) de l'intérêt public[3]. De sorte que la « connexion » de la justice et de l'utilité s'avère, selon Hume, « assez singulière »[4]. Hume reconnaît en effet que la nécessaire *rigidité* des règles de justice, inéluctablement, conduira à des maux isolés non seulement pour certains individus mais pour le public lui-même. Ces maux « temporaires » lui semblent néanmoins largement compensés par l'utilité du « plan » ou du « système » formé par l'ensemble

---

1. *EPM*, 3.2. 23, p. 65.
2. Cf. *EPM*, 3.2. 25-26, p. 65-66.
3. *TNH*, 3.2. 6.9, p. 140, je souligne.
4. *TNH*, 3.2. 2.22, p. 98.

concordant d'actes pouvant être, en eux-mêmes, contre-productifs. *L'utilité de la règle*, ou plutôt, celle du «*système*», compense ainsi, selon Hume, *l'utilité de l'acte*[1], ce qu'il tente de transcrire en comparant la justice à une «voûte» qui ne se maintient que par le «support mutuel» des pierres qui la composent et où chaque pierre, sans ces forces convergentes, tomberait d'elle-même[2]. Or *l'utilité du système*, une fois encore, consiste dans son «absolue nécessité» «au soutien de la société comme au bien-être de chaque individu»[3].

L'adaptation des biens et des personnes ne saurait, comme on l'a vu, servir de critère à la justice, dans la mesure où son évaluation impartiale semble à Hume impraticable. Hume n'en juge pas moins que le *problème de l'inadaptation* est majeur, et qu'il doit être traité *par la justice*. En effet, laisser les hommes le résoudre directement reviendrait à autoriser «chacun à s'emparer par la violence de ce qu'il juge fait pour lui», *ce qui* «*détruirait la société*»[4]. Le même argument récurrent vient donc déterminer le contenu d'une *deuxième loi de nature* destinée à moduler *pacifiquement* (autrement dit, *institution-nellement*) la «stabilité rigide» induite par la première loi de nature. La règle du «transfert de la propriété par consentement», exception réglée à la règle de la stabilité, s'avère ainsi indispensable pour rendre les hommes «utiles les uns aux autres»[5] à travers l'échange légal des biens.

Quant à la *troisième (et dernière) loi de nature*, la règle de l'obligation des promesses, elle permet selon Hume d'étendre ce «commerce», d'une part, aux *biens* qui ne peuvent être immédiatement délivrés (les biens «*absents* ou *généraux*»), d'autre part, et

---

1. J. Harrison considère ainsi que les conceptions de Hume sur l'utilité de la justice sont incompatibles avec «l'utilitarisme de l'acte» (utilitarisme classique) mais s'accordent avec une espèce de l'«utilitarisme de la règle» qu'il baptise «cumulative-effect utilitarianism» et qu'il décrit de la manière suivante: «dans chaque situation, nous devrions agir non pas de manière à produire les meilleures conséquences, mais d'une manière qui devrait produire les meilleures conséquences si tous ceux qui sont confrontés au même choix que nous agissaient comme nous» (*op. cit.*, p. 71).

2. *EPM*, app. 3.5, p. 156.

3. *TNH*, 3.2.2.22, p. 98.

4. *TNH*, 3.2.4.1, p. 118, je souligne.

5. *TNH*, 3.2.5.8, p. 125.

surtout, aux *services*[1]. Or c'est, une fois de plus, le « maintien de la société » qui se trouve soutenu par cette troisième « loi de nature »[2]. En effet, sans l'échange de services permis par l'institution des promesses, chacun en serait réduit à ce travail *isolé* dont Hume avait pris soin de montrer, en tête de ses développements sur la justice, *l'inefficacité*. De sorte que, sans le commerce des services, c'est la société humaine entendue comme une *communauté* qui, en définitive, serait perdue. La détermination de l'obligation des promesses comme troisième loi de nature montre aussi que la justice ne s'épuise pas intégralement, aux yeux de Hume, dans des règles de propriété, mais qu'elle s'identifie, plutôt, à un établissement beaucoup plus large de rapports *mutuellement avantageux* entre les hommes, fondés sur la *confiance*. En effet, l'« intérêt » de l'accomplissement des promesses pour la société ne consiste pas seulement à étendre l'échange aux possessions absentes ou générales, ni seulement à garantir ou accroître les possessions *à travers* les services : il est aussi, et surtout, de « *faire naître la confiance mutuelle dans les devoirs courants de la vie* »[3]. C'est ainsi que la fidélité aux promesses permet de promouvoir, *par l'institution d'une garantie*, de véritables *actions collectives* allant au-delà de la réciproque abstention de la propriété d'autrui, instituée par la première loi de nature. Ces actions pourront ensuite être étendues à la société tout entière par les bons soins du gouvernement[4], de sorte que la préservation de la justice et de la propriété n'est pas non plus la seule tâche que Hume accorde à ce dernier. En outre, cette fonction de la justice que nous suggérons ici sur la base de l'analyse humienne de l'institution des promesses, et qui consiste en la promotion de comportements collectifs mutuellement avantageux et fondés sur la confiance, est déjà explicitement incluse dans l'analyse humienne de la justice *comme convention* que nous présentions plus haut.

---

1. *Ibid.*, p. 126.
2. *TNH*, 3.2. 6.1, p. 133.
3. *TNH*, 3.2. 8.5, p. 155, je souligne.
4. « Ainsi, on construit des ponts, on ouvre des ports, on élève des remparts, on trace des canaux, on équipe des flottes et l'on discipline des armées, en tous lieux, par les soins du gouvernement » (*TNH*, 3.2. 7.8, p. 148-149).

CONCLUSION

Notre étude n'a pas voulu occulter les manques que peut présenter la théorie humienne de la justice ni la réduction qu'elle fait subir au domaine du juste lorsqu'elle se focalise, avec insistance, sur la propriété. Plusieurs acquis et points forts de cette théorie nous ont néanmoins paru tout aussi incontestables et c'est surtout eux que nous avons voulu souligner. Précisons quels en sont, à nos yeux, les trois principaux.

Premièrement, la théorie humienne de la justice rend puissamment compte du fait que cette dernière se présente à la fois comme une institution et comme une vertu. De plus, elle le fait à travers une explication parfaitement cohérente à nos yeux (et non bicéphale, comme le pense B. Barry) puisque la raison d'être de cette institution – son utilité pour les hommes – est aussi, selon Hume, la qualité spécifique qui la fait apprécier comme vertu.

Deuxièmement, cette théorie cherche à rendre compte de la stabilité de la justice, vérifiée dans les petites sociétés, ainsi que des constructions qui permettent d'étendre cette stabilité aux sociétés étendues et raffinées. Ce constat permet à Hume de montrer que, dans un premier temps, le fonctionnement de la justice peut se décrire de manière parfaitement indépendante de l'institution étatique. C'est en ce point qu'il se distingue radicalement de Hobbes.

Troisièmement, l'analyse de la justice comme convention nous semble constituer un autre acquis original de notre auteur. La défi-nition humienne de la convention comme «sens de l'intérêt commun», ainsi que sa description en termes d'attentes, de croyances, et de comportements *réciproques* et fondés sur la *confiance*, consti-tuent un cadre conceptuel cohérent et intéressant en lui-même : D. Lewis a su le mettre en pleine lumière, à travers le modèle des rameurs, J. Rawls l'a fait, lui aussi, fortement valoir dans ses *Leçons* [1]. Il nous semble, en outre, que lorsqu'on cherche à appliquer ce cadre à la justice, il peut permettre à cette dernière de recevoir bien d'autres déterminations que celles qui sont liées à la propriété. Certes, Hume

1. Rawls, *Leçons*, p. 67-71.

n'envisage, pour sa part, qu'une autre de ces déterminations : l'obligation des promesses. Mais il n'est pas interdit d'en imaginer d'autres.

Ces trois points forts (et d'autres encore [1]) nous semblent pouvoir être rattachés au thème de *l'autorégulation* que nous avons mis au cœur de notre propre ouvrage sur Hume [2]. En effet, la justice, en maintenant sa stabilité à travers les redressements successifs qui tiennent à son caractère à la fois institué et instituant, semble fonctionner comme un système autorégulé assurant la stabilité évolutive du système social.

Éléonore LE JALLÉ
Université de Lille 3

---

1. L'absence chez Hume d'un critère *extérieur* au juste, son insistance sur le *changement de direction spontané* de l'amour du gain, qu'il place à l'origine de la justice…

2. *L'autorégulation chez Hume, op. cit.*

LÉGISLATION CRIMINELLE ET JUSTICE SOCIALE
CHEZ FICHTE

OPPOSITION DE L'ANCIEN ET DU MODERNE

En 1813, dans la *Doctrine de l'État*, Fichte oppose radicalement le monde *antique* au monde *moderne* tel qu'il est apparu dans l'histoire avec le christianisme, et tel qu'il est engendré réflexivement par la pensée pure dans la doctrine de la liberté qui est la sienne. Par ce double avènement du monde moderne, historique et philosophique, factuel et génétique, c'est la façon de voir l'humanité qui est intégralement changée. Il faut partir de cette révolution anthropologique pour comprendre la radicalité de la pensée sociale et politique de Fichte.

Citons simplement, pour commencer, ce court passage en lequel la *Doctrine de l'État* résume la façon de voir l'humanité propre au monde moderne :

> celle-ci ne se conforme [plus] à la volonté divine par quelque être donné, mais par un agir : elle est donc absolument *libre* – métaphysiquement : chacun doit agir selon son *propre* concept, et entre celui-ci et la volonté de Dieu ne doit intervenir absolument aucun intermédiaire ; nul n'a donc de maître, si ce n'est soi-même au point de vue physique, et Dieu au point de vue moral : chacun est donc aussi *politiquement* libre et indépendant de tout pouvoir supérieur. L'humanité n'est rien que cette liberté qui doit se conformer à la volonté divine. En cela consiste l'essence de l'*humanité*. Par conséquent, absolument *tout* ce que l'homme est, est aussi en vue de la liberté : le christianisme est donc l'Évangile de la liberté et de l'*égalité* : de la liberté, non pas simplement au sens métaphysique, mais aussi au sens civique : suppression de toute

autorité supérieure et de toute inégalité civique. C'est ce qui découle du principe fondamental [1].

Dans un fameux article consacré aux *ébauches de la volonté dans la tragédie grecque* [2] en lequel il prolonge les analyses faites par Gernet dans les *Recherches sur le développement de la pensée juridique et morale en Grèce*, Jean-Pierre Vernant soutient que la tension, l'ambiguïté constamment maintenue entre l'intentionnel et le contraint, entre l'agi et le subi, qui est caractéristique de l'agent tragique, est le résultat d'un débat, d'un déchirement interne à la tragédie attique entre les deux orientations contradictoires du mythe et de la Cité, de la société pré-juridique qui ignore le volontaire et de la société juridique qui ne peut s'établir qu'en instituant chacun, dans et par le vouloir, comme centre autonome de décision et source de ses actes. On le voit, cette ambiguïté Fichte la récuse. Rompant avec l'hésitation encore caractéristique de ceux de ces contemporains qui, fascinés par l'ambiguïté tragique, admettent toujours à côté de la liberté humaine, voire même à son principe, une puissance mythique, obscure et néfaste [3], il situe sa pensée intégralement du côté du volontaire. Instituée comme liberté, c'est-à-dire comme agir selon son propre concept, l'humanité est rendue à son absolue responsabilité : il n'est rien en elle qui ne lui soit imputable et rien ne saurait lui être imputé qui ne serait fondé en elle.

La contradiction entre les deux orientations qui déchirent la tragédie attique ressort nettement si l'on compare la conception mythico-religieuse, sacerdotale, de la faute et la conception juridique du crime. Pour la société pré-juridique la faute est *hamartia*, égarement de l'intelligence, aveuglement fatal, maladie mentale, délire. Cette folie de la faute, c'est l'*até*. Celle-ci investit l'individu du dedans comme une force démonique et contagieuse ; la souillure du crime, pour ainsi dire « objectivée » en cette puissance de malheur, s'attachant par-delà le criminel à la lignée, au cercle des parents. À cette conception s'oppose celle du droit, où le coupable est défini comme

---

1. Fichte, *Doctrine de l'État*, trad. fr. Groupe d'Études Fichtéennes de Langue Française, J.-Ch. Goddard et G. Lacaze (dir.), Paris, Vrin, 2005, p. 190-191.

2. J.-P. Vernant, *Mythe et tragédie en Grèce ancienne*, Paris, Maspero, 1977, p. 41.

3. *Cf.* J.-Ch. Goddard, « Schelling ou Fichte. L'être comme angoisse ou l'être comme bonheur », dans *Le bonheur*, A. Schnell (dir.), « Thema », Paris, Vrin, 2005.

un individu privé, cause responsable de ses actes en tant qu'ils expriment son caractère d'homme, – comme un individu, qui sans y être contraint, a délibérément choisi de commettre un délit, en conséquence imputable à lui seul. Le monde moderne est ainsi, en opposition au monde antique, un monde *juste* d'abord en ce sens que personne ne saurait être accusé d'un délit ou d'un crime qu'il n'aurait pas *lui-même* commis.

Chez Fichte, le primat de l'agi sur le subi commande tout : il fonde la doctrine du *droit pénal* ou *droit criminel* (auquel nous allons consacrer un long développement) ; il exige encore l'*égalité* entre les citoyens. Nous venons tout juste de le voir : la liberté politique appelle l'égalité civique. Citons de nouveau la *Doctrine de l'État* de 1813 : « *Liberté* veut donc dire : pas de nature au-dessus de la volonté, la volonté est le seul créateur possible de la nature » [1] ; elle est « principe absolument *créateur* engendrant purement *à partir de lui-même* un monde particulier et une sphère propre de l'être » ; « pas de nature », poursuit Fichte, « et pas d'être, si ce n'est par la volonté ; les produits de la liberté sont le véritable être. [...] Le monde sensible *donné* se réduit par là à la visibilité, à la représentabilité du monde supérieur, des créations de la liberté : avec toutes ses lois, le monde sensible n'est là qu'en vue de cela, – il est la matière préexistante, la sphère sur laquelle la liberté projette ses créations : il n'est pas non plus posé *en soi*, mais par sa propre imageabilité et présentabilité. Ce que la liberté projette sur ce monde, c'est cela qui reste *le vrai* ». Par « volonté », Fichte entend donc d'abord un principe créateur d'ordre, de détermination et de progrès : « Que *crée* donc la nature ? Allez dans la nature sauvage originelle, qu'aucun pied humain n'a jamais foulée : vous pourriez à peine y trouver quelque chose qui vous attire ou vous satisfasse. Chez nous, la végétation est ordonnée, déterminée, améliorée ; il en va de même des animaux : partout il y a dans une certaine mesure des créations nouvelles : des habitations humaines et des bâtiments, la parole et l'écriture ». S'il y a chez Fichte, comme on a pu le soutenir [2], un primat du droit (*Recht*), il s'agit d'abord d'un primat de l'ordre

---

1. Fichte, *Doctrine de l'État, op. cit.*, p. 74.
2. *Cf.* A. Renaut, *Le système du droit. Philosophie et droit dans la pensée de Fichte*, Paris, PUF, 1986.

juste (*gerecht*), c'est-à-dire de l'égalité des rapports qu'implique l'affirmation du primat du volontaire sur l'involontaire : vouloir, c'est ordonner des rapports selon un principe d'égalité. Le monde moderne est un monde *juste*, en ce second sens, qu'il réalise une telle égalité : alors que dans l'ancien monde « les droits et les obligations réciproques entre les citoyens n'étaient absolument pas égaux, mais extrêmement inégaux », en allant, « tout en bas de l'échelle, jusqu'à l'absence complète de droit des esclaves vis à vis des hommes libres », le nouveau monde reconnaît, au contraire, dans l'égalité une *tâche* prioritaire de la liberté pratique et pense l'histoire comme « le progrès de l'humanité qui va [...] de l'*inégalité* à l'*égalité* ; car le premier résultat de l'entendement qui met complètement en ordre les rapports humains est l'égalité dans ces rapports »[1]. Cette égalité des rapports humains, nous le verrons, concerne aussi, et même surtout, les rapports économiques effectifs et ne saurait rester une simple égalité de droit, c'est-à-dire des possibilités ou des chances ; à tel point que le nouveau monde peut être dit aussi celui du *socialisme*.

LE CERCLE ALIÉNANT DE LA MÉFIANCE ET LE DROIT

La question fondamentale que Fichte place au point de départ de sa doctrine du droit est celle de la bonne foi et de la *confiance* mutuelle (*gegenseitige Treue und Glauben*) sans laquelle, semble t-il, il n'y aurait pas de vie commune possible et qui paraît le gage de la sécurité réciproque des personnes. Or, cette confiance est immédiatement et *irréversiblement* détruite dès la première agression. Car la rencontre et la reconnaissance mutuelle des subjectivités comme telles – c'est-à-dire comme libertés, et donc comme agir indécidable –, n'est pas en elle-même bienheureuse ; le cercle positif de l'échange en lequel chacun accroît sa liberté de l'accroissement de la liberté d'autrui et, d'une manière générale, de toutes les libertés, c'est-à-dire le droit, est d'abord le retournement, l'inversion du cercle négatif et catastrophique de la méfiance qui, pour Fichte, « se communique mutuelle-

1. Fichte, *Doctrine de l'État*, *op. cit.*, p. 178.

ment »[1] et s'accroît du fait des précautions que chacun prend pour se protéger de l'autre. C'est à un tel emballement mimétique, à un tel bouclage infini des intentions en lequel chacun nourrit son rapport à l'autre de la présomption de l'agressivité d'autrui, que doit mettre fin le droit.

Un tel cercle vicieux, un tel processus de bouclage catastrophique des intentions a été, par exemple, décrit par Lacan dans le séminaire sur *Les quatre concepts fondamentaux de la psychanalyse*[2], en des termes qui sont propres à faire ressortir, par contraste, la nature propre de la relation que cherche à instaurer le droit selon Fichte.

C'est chez Hegel que Lacan trouve à justifier l'appellation de la première opération par laquelle le sujet se réalise dans sa « dépendance signifiante au lieu de l'Autre »[3]. Cette appellation est « le *vel* aliénant »[4] de l'injonction « la liberté *ou* la vie ! » que, d'après Lacan, le maître adresse au serviteur (*Knecht*) dans le fameux chapitre de la *Phénoménologie de l'Esprit* consacré aux rapports de la domination et de la servitude. Ce *vel* est, pour le psychanalyste, « la première opération essentielle où se fonde le sujet » et « la racine » de toute aliénation « économique, politique, psycho-pathologique, esthétique »[5].

Il importe de souligner que, contrairement à ce que Hegel met en jeu dans la dialectique du maître et du serviteur, « la liberté ou la vie ! » n'est pas, pour Lacan, l'injonction que s'adressent *réciproquement* deux consciences certaines d'elles-mêmes. Lacan se place, ici, uniquement au point de vue *unilatéral* où « l'on vous dit » : « la liberté ou la vie ! », comme on vous dit : « la bourse ou la vie ! ». Il en va de même de l'injonction « la liberté ou la mort ! », dont Lacan dit qu'elle est aussi « un moment hégélien », celui de la Terreur, en lequel se révèle l'essence du maître puisque « c'est à lui qu'on dit *la liberté ou la mort* et qu'il n'a évidemment que la mort à choisir pour avoir la liberté »[6].

1. Fichte, *Fondement du droit naturel selon les principes de la doctrine de la science* (dorénavant cité FDN), trad. fr. A. Renaut, Paris, PUF, 1984, p. 154.

2. Lacan, *Le Séminaire, Livre XI, Les quatre concepts fondamentaux de la psychanalyse*, Paris, Seuil, 1973.

3. Lacan, *op. cit.*, p. 230.

4. *Ibid.*, p. 237.

5. *Ibid.*, p. 234-235.

6. *Ibid.*, p. 245.

Ce point est important, car la caractéristique du *vel* aliénant – celle qui éclaire par contraste la nature de la relation de droit – est précisément d'instaurer entre le sujet et l'Autre une relation à proprement parler *non-réciproque*.

Et si Lacan s'attarde sur le « moment hégélien » de la Terreur, c'est parce qu'il met en évidence « l'essentiel » du *vel* aliénant déjà présent dans « la liberté ou la vie! » ou « la bourse ou la vie! » : « le facteur létal »[1]. Lorsqu'on vous dit « la liberté ou la mort! » vous ne pouvez, en effet, choisir la liberté, manifester la liberté du choix, qu'en *choisissant la mort*, c'est à dire en perdant la liberté; de la même manière, lorsqu'on vous dit « la liberté ou la vie! », si vous choisissez la liberté, « couic! », vous perdez les deux – si vous choisissez la vie, vous avez la vie écornée, amputée de la liberté, c'est-à-dire une vie sans valeur. Dans tous les cas « quel que soit le choix qui s'opère, il a pour conséquence un *ni l'un, ni l'autre* »[2]. Précisons : l'injonction aliénante est un appel adressé au sujet, à sa liberté, par lequel il est sommé de répondre en sujet, par un choix; mais dans le même mouvement où il fait apparaître le sujet comme tel, cet appel le « pétrifie »[3] et provoque sa disparition (*aphanisis*). L'aliénation est cette apparition du sujet dans sa disparition.

Cette première opération, celle du *vel* aliénant est, pour Lacan, par ailleurs, étroitement articulée à une seconde opération qui, cette fois, ne repose nullement sur une intimation explicite (une chaîne de signifiants), mais à l'inverse sur « les intervalles » et les « manques » du discours de l'Autre; pour autant qu'en ces intervalles, qui « coup[ent] les signifiants »[4], se glisse l'énigme du désir de l'Autre envers le sujet, une intimation indéfinie, qui pousse le sujet à se poser indéfiniment la question : « qu'est-ce qu'il me veut? ». Ces manques le sujet, pour ainsi dire, les remplit par son propre manque, c'est-à-dire par « le fantasme » de sa mort : déterminant le désir indéfini de l'Autre à son égard, il l'interprète comme le désir de sa propre mort.

1. *Ibid.*, p. 248.
2. *Ibid.*, p. 236.
3. *Ibid.*, p. 232.
4. *Ibid.*, p. 239.

La seconde opération, nous dit Lacan, « achève la circularité de la relation du sujet à l'Autre »[1]. On ne saurait dire, en effet, qui a commencé, de l'Autre, qui adresse au sujet une intimation aliénante et l'expose à devoir disparaître pour être, ou du sujet, qui forme en soi, à partir de son propre fantasme de mort, une compréhension du désir de l'Autre comme désir de mort. L'*aphanisis* vient-elle du sujet ou de l'Autre ? Ni de l'un, ni de l'autre, mais des deux pour autant qu'ils sont ensemble prisonniers d'une relation circulaire, vicieuse, dont la caractéristique est d'être sans entrée ni sortie, sans début ni fin – d'être ancrée dans sa propre reproduction. Le désir de l'Autre appréhendé dans l'intimation aliénante ouvre dans le sujet une béance que celui-ci retourne en l'Autre en interprétant maintenant son discours, quoiqu'il dise et quoi qu'il en dise, comme signifiant un désir meurtrier à son égard – lequel ouvre à nouveau la béance en laquelle le sujet vient à se fonder, et qu'il transfère en l'Autre. Le sujet se réapplique indéfiniment en tous ses rapports à l'Autre l'opération même par laquelle il accède à soi dans l'intimation du *vel* aliénant sous la forme de l'*aphanisis* ; de sorte que l'intimation du *vel* aliénant définit, en fin de compte, moins un ancrage *externe* de la relation du sujet à soi que la ré-entrée de cette forme en cette ré-application *à soi*.

Le couplage du sujet et de l'Autre en faisant émerger/disparaître le sujet à partir de l'Autre, puis en revenant du sujet émergeant/disparaissant à l'Autre pour retourner au sujet, forme un cercle parfait. Mais la circularité n'est pas nécessairement la *réciprocité*. Et la caractéristique fondamentale de la relation circulaire du sujet et de l'Autre est bien, pour Lacan, d'être « sans réciprocité »[2], c'est-à-dire d'entretenir (et même d'aggraver) une « dissymétrie » entre les termes couplés *du fait même de leur couplage*. En réalité l'élucidation lacanienne du « moment » hégélien de la relation domination/servitude n'éclaire nullement une relation d'*inter-subjectivité*. Car, il n'y a pas ici deux sujets. La relation primordiale du sujet à l'Autre dans l'*aphanisis* est, en effet, relation au « *champ* de l'Autre » – non pas à l'Autre comme sujet, conscience et liberté, mais à l'Autre comme « lieu » où se forme le rapport *à soi* du sujet comme aparaissant/dispa-

1. *Ibid.*, p. 238.
2. *Ibid.*, p. 231.

raissant (une sorte de champ transcendantal catastrophique). L'Autre de l'interpellation aliénante n'est pas un autre moi, mais le lieu où parle par exemple l'enfant lorsque, dans son jeu solitaire, il parle « *à la can*tonade »[1]. Le jeu de mot n'est pas gratuit : c'est à cette place, où s'origine tout rapport dissymétrique, que s'installe le psychanalyste – au lieu de toutes les aliénations, qui consistent *essentiellement* dans le couplage opérationnel avec l'Autre que nous avons décrit.

C'est d'un tel couplage circulaire et systématique qu'il s'agit en toute agression et tout conflit. En ce sens, on pourrait certes dire que la relation juridique, par opposition, consiste dans une présomption généralisée d'innocence. Mais, ce serait sous-estimer la gravité de la situation engendrée par la « première » agression (qui, bien entendu, n'est nullement première dans le temps et a, pour ainsi dire, toujours déjà eu lieu à l'intérieur du cercle vicieux de la méfiance). L'un des présupposés fondamentaux de la doctrine fichtéenne du droit est que l'hypothèse de la bonne volonté, de la moralité des intentions, ne peut plus être faite.

On retiendra que l'aliénation qui ruine d'emblée la reconnaissance réciproque positive n'est pas rapport entre deux moi(s), deux sujets, mais opère immédiatement un déplacement de la relation transitive à l'autre vers un mode de relation circulaire en lequel toute altérité disparaît au profit d'une sorte de réflexivité pathogène et purement immanente – d'un processus auto-régulé et récursif proprement sans sujets. La confiance mutuelle sans laquelle aucun ordre social n'est possible ne s'obtient plus dès lors qu'à condition de rompre cette circularité et d'entrer dans un authentique rapport de *transmission* mutuelle – non plus de circularité ou de couplage, mais de *circulation*.

Or, l'œuvre juridico-politique entière de Fichte, du *Fondement du droit naturel* (1796) à la *Doctrine du droit* (1812) et à la *Doctrine de l'État* (1813), en passant par *L'État commercial fermé* (1800), l'atteste : l'intersubjectivité concrète et authentiquement réciproque exige l'intervention d'un *Tiers*. Par une sorte de phénomène de *runaway*, d'emballement, le *couplage* circulaire avec l'autre dans un système dynamique auto-régulé de relations aurait toujours pour effet une méfiance réciproque et pathologique s'il n'était *observé* du dehors

1. *Ibid.*, p. 233.

par un Tiers et si ce Tiers n'intervenait pas pour lui indiquer sa destination positive [1]. Chacun le sait, il ne suffit pas d'être deux pour être un couple ; il faut être trois : l'un, l'autre, et l'absolu de la relation, qui ne se laisse apercevoir que du point de vue du Tiers. Cette position du Tiers est, pour Fichte, celle de *l'État moderne*, dont l'unique mission est d'établir les individus dans l'échange, à la fois en médiant les rapports sociaux, en régulant le commerce, en intensifiant la part de l'activité sociale au détriment de l'appropriation matérielle, et en éduquant à la liberté *individuelle* ; de telle sorte que le point de vue de surplomb de l'État sur les comportements collectifs induits par le bouclage des rapports involontaires au niveau individuel exprime *en réalité* le point de vue *conscient* des individus eux-mêmes sur le système global auquel ils participent. L'État n'a pas à se substituer aux relations d'inter-individualité ; il doit seulement s'efforcer de substituer à l'inter-individualité subie et auto-destructrice du couplage circulaire sans sujet une inter-individualité consciente proprement *inter-subjective*. Il n'est lui-même que l'action en retour de la liberté humaine et personnelle, consciente d'elle-même, sur les rapports auxquels elle a naturellement part.

L'INVERSION DU CERCLE DE LA MÉFIANCE ET LE PRINCIPE
DE LA LÉGISLATION CRIMINELLE

Il est d'ailleurs remarquable qu'en son sens proprement juridique, en tant que règle du jugement de droit, *la présomption d'innocence* n'est pas une hypothèse faite sur la moralité, c'est-à-dire sur l'intention, mais sur le *fait*, sur l'*acte* commis.

Le droit n'inverse pas le cercle néfaste de la méfiance, ne met pas un terme à la circularité non réciproque en rassurant chacun sur la bonne intention de l'autre. Le régime du droit n'est pas celui de la confiance, mais de la *garantie* : ce que le droit garantit, c'est que personne ne puisse vouloir agresser personne sans qu'il s'ensuive nécessairement « d'après une loi ne cessant pas d'être efficace » [2] le

---

1. *Cf.* le livre de l'anthropologue girardien M. Rogin Anspach, *À charge de revanche. Figures élémentaires de la réciprocité*, Paris, Seuil, 2002.
2. FDN, p. 155.

contraire de ce qu'il projetait par cette agression. Il ne s'agit pas d'amender les volontés, mais de créer une situation en laquelle le problème de la confiance ou de la méfiance n'a plus à se poser ; une situation telle que « chaque volonté qui ne se conformerait pas au droit serait en chacun le fondement de son propre anéantissement, attendu que la volonté est en général le fondement ultime de soi-même »[1]. Faire en sorte qu'une certaine volonté, la volonté de nuire à la liberté d'autrui, soit contradictoire et auto-destructrice.

Cette dernière proposition (la contradiction entre la fin – affirmer son « égoïté » – et l'effet – être anéanti – d'une volonté non conforme au droit), voilà pour Fichte le fondement de la législation criminelle. Le texte décisif du *Fondement du droit naturel* est le suivant : « *si donc un dispositif agissant avec une nécessité mécanique pouvait être mis en place* par lequel de toute action contraire au droit résulterait le contraire de sa fin, la volonté serait forcée par un tel dispositif à vouloir seulement ce qui est conforme au droit ; grâce à cette disposition, la sécurité serait rétablie après la ruine de la bonne foi et de la confiance, et la bonne volonté ne serait plus indispensable pour la réalisation extérieure du droit, vu que la volonté mauvaise et avide à l'égard des biens d'autrui serait conduite vers la même fin. Un dispositif tel que celui que l'on vient de décrire s'appelle une *loi de contrainte* »[2].

C'est sur ce texte que s'appuie le jeune Hegel dans l'article de 1802 sur le *Droit naturel*[3] pour critiquer l'ensemble du système fichtéen du droit comme système « où tout est contrainte »[4]. Cette critique est fameuse. Elle revient à reprocher à Fichte d'avoir voulu fonder l'union de la volonté particulière et de la volonté universelle (le droit) sur le seul « rapport extérieur » de la contrainte, c'est-à-dire sur la législation criminelle. Il serait aisé de faire voir combien cette critique est partiale. Hegel insiste en effet sur la « nécessité mécanique » avec laquelle est censé agir le dispositif fichtéen et comprend le système du droit qui en découle comme étant lui-même un

---

1. FDN, *ibid.*, traduction modifiée.
2. FDN, p. 156.
3. Hegel, *Le droit naturel*, trad. fr. A. Kaan, Paris, Gallimard, 1972, p. 101.
4. *Ibid.*, p. 102.

« système d'extériorité »[1], c'est-à-dire un système visant seulement à équilibrer les rapports de forces antagonistes. Ce faisant, il ignore le fait que, pour Fichte, le dispositif propre à établir le droit ne peut être « tel que les actions ne devant pas avoir lieu soient réprimées mécaniquement par une force physique »[2]. La contrainte pénale serait, en effet, dans l'esprit du *Fondement du droit naturel*, impossible et contraire au droit, si elle ne présupposait la liberté de la volonté : aucune force physique n'est pour la liberté humaine irrésistible et insurmontable, de sorte que « le dispositif [pénal] à organiser devrait nécessairement se tourner vers la volonté elle-même, l'influencer et la forcer à se déterminer par elle-même à ne rien vouloir d'autre que ce qui peut coexister avec la liberté conforme à la loi »[3]. Il est d'ailleurs tout à fait remarquable qu'en 1820, dans son *Droit naturel* (plus connu sous le titre de *Principes de la philosophie du droit*), Hegel abordera la question du droit pénal en soulignant à son tour que « ne peut être contraint à quelque chose que celui qui *veut* se laisser *contraindre* »[4] ; à tel point que « la lésion que subit le criminel n'est pas seulement juste *en soi* [...], mais est aussi un *droit à même le criminel* lui-même, c'est-à-dire un droit *posé* dans sa volonté *étant-là*, dans son action »[5]. En 1796, Fichte ne disait pas autre chose ; et l'on notera que, si Hegel, en 1820, ne s'abstient pas sur ce sujet de citer et de critiquer Beccaria ainsi que certains pénalistes de son temps (Ernst Ferdinand Klein, Jean Anselme Feuerbach), il ne dit plus un mot sur Fichte.

La législation criminelle est donc pour Fichte le moyen de rompre avec le cercle néfaste de la méfiance pour obliger chacun à entrer dans le cercle positif de la réciprocité juridique. Elle ne saurait, à ce titre, consister dans une répression mécanique des actions contraires au droit. Le but final de son instauration est même tout au contraire, nous allons le voir, d'*abolir toute contrainte répressive*.

Nous venons de le dire : la peine est pour l'auteur du *Fondement du droit naturel* un droit. Le point mérite d'être approfondi. Concevoir la

---

1. *Ibid.*, p. 101.
2. FDN, p. 155.
3. *Ibid.*
4. Hegel, *Principes de la philosophie du droit*, trad. fr. R. Derathé, Paris, Vrin, 1998, p. 138.
5. *Ibid.*, p. 143.

peine comme une simple rétorsion, par laquelle on répondrait mécaniquement à une première violence par une seconde violence, revient à confondre la réciprocité positive librement contractée et volontaire, en quoi consiste le droit – et que la législation pénale vise à établir –, avec la fausse réciprocité néfaste, proprement automatique (non libre), où s'origine le cercle infini de la vengeance. Conçue pour contrecarrer la méfiance réciproque et la violence qu'elle induit, la contrainte pénale ne saurait donc, pour Fichte, consister dans une telle rétorsion. Vouloir annuler la violation du droit de l'agressé par la violation du droit de l'agresseur revient à vouloir réaliser le droit par sa destruction. Une fois de plus Hegel se trompe lorsque, dans l'article de 1802 sur le *Droit naturel*, il reproche à Fichte d'avoir fondé son système du droit naturel sur une telle contradiction.

Le § 20 du *Fondement du droit naturel* présente en effet la législation pénale comme la solution d'une antinomie, dont *la thèse* est que le criminel, en violant par son crime le contrat social, supprime la condition même de la capacité juridique et par conséquent « devient totalement dépourvu de droits » (comme homme et comme citoyen)[1], et doit être exclu de l'État, – *l'antithèse* qu'il importe à l'État de pouvoir conserver leurs droits à tous ses citoyens et donc de ne pas les exclure dans tous les cas où la sécurité publique n'est pas menacée. La peine sera alors le moyen pour l'État de sanctionner le crime tout en conservant au criminel ses droits. Elle fera que le criminel ne devienne pas « hors la loi ». La peine est donc, pour ainsi dire, toujours « de substitution »; elle substitue toujours à l'exclusion définitive hors de la communauté, par laquelle le criminel perdrait ses droits et la garantie de sa sécurité (serait rendu à la vie sauvage), une « expiation » grâce à laquelle, malgré son crime, il demeure intégré à la société et voit sa sécurité garantie. C'est dans cette mesure que la peine est pour lui un droit – c'est-à-dire un droit au droit. Seul un tel droit à obtenir de l'État (c'est-à-dire de tous) ce que l'on a soi-même détruit peut inverser le cercle de la vengeance. Nous disons « inverser », car, à l'inverse du processus infini de la vengeance en lequel une agression répond à une agression, une suppression de droits à une violation, la législation criminelle revient, pour Fichte, à restituer au criminel le droit qu'il a

---

1. FDN, p. 269.

lui-même détruit. C'est-à-dire, au fond, à le lui donner déjà *par avance* – à lui donner ce qu'il va ravir et qui, de ce fait, ne peut être ravi. Il faut insister sur la temporalité propre à une telle législation et, par voie de conséquence, à la peine elle-même : elle ne *suit* pas l'agression (comme le fait la vengeance), mais la précède, l'*anticipe* et la préforme ; de sorte que l'aller hors du droit devient grâce à elle un *retour* au droit.

Dans l'ouvrage qu'il a consacré au système du droit fichtéen, Alain Renaut suggère de rapprocher Fichte de Beccaria sur la question du jugement de droit [1]. La proposition du § 8 du *Fondement du droit naturel* selon laquelle « celui qui juge au civil n'a rien d'autre à faire qu'à décider ce qui s'est passé et à invoquer la loi » [2], de sorte que « la sentence doit être déjà contenue dans la loi », lui semble une allusion à la formalisation beccarienne du syllogisme judiciaire. Il est certes vrai que le *Fondement du droit naturel*, tout comme le *Traité des délits et des peines*, refuse aux « juges des crimes » le droit d'interpréter les lois pénales « par la raison même qu'ils ne sont pas législateurs » [3]. Mais l'on ne saurait toutefois comprendre ce refus comme signifiant pour Fichte que le processus de concrétisation et d'individualisation de la norme juridique dans les jugements de droit doive purement et simplement consister dans une simple subsomption, une simple application mécanique.

Il faut préciser en quelle mesure « la sentence doit être déjà contenue dans la loi », c'est-à-dire d'être attentif à la nature exacte de la norme juridique selon Fichte.

Le système fichtéen du droit comprend trois niveaux hiérarchiques : 1) *la règle du droit en général*, la norme fondamentale qu'est le concept d'une limitation seulement réciproque des libertés ; 2) *la loi positive*, qui applique la règle du droit à des objets déterminés ; 3) *le jugement de droit*, qui applique la loi positive à des personnes déterminées. Or, Fichte décrit comme suit la situation médiane de la loi

1. A. Renaut, *Le système du droit. Philosophie et droit dans la pensée de Fichte*, Paris, PUF, 1986, p. 353.

2. FDN, p. 118.

3. Beccaria, *Traité des délits et des peines*, chap. IV, trad. fr. J. A. S. Collin de Plancy, Paris, Aimé André, 1823, p. 21.

positive : « la loi positive *flotte* au milieu (*schwebt in der Mitte*) entre la loi juridique et le jugement de droit »[1].

Un tel « flottement » (*Schweben*) est, pour Fichte, le produit de l'imagination transcendantale, qu'il a reconnu depuis *L'assise fondamentale de la doctrine de la science* (1794-1795) comme « la source » de « l'opération toute entière de l'esprit humain »[2]. Mais l'imagination n'est pas comme chez Kant – du moins selon une certaine interprétation de Kant – la faculté de subsumer le sensible sous une catégorie formelle ou d'appliquer la catégorie à un donné sensible – la faculté de croiser un mouvement d'abstraction et un mouvement de concrétisation. L'imagination fichtéenne est, en effet, le pouvoir de « flotter » entre des termes *incomposables*[3] : ce n'est nullement un pouvoir d'unification des opposés. À la fin du § 4 de *L'assise fondamentale…*, dans un texte fameux, Fichte décrit le pouvoir de l'imagination comme le pouvoir qu'a le moi d'entretenir une relation contradictoire avec soi-même : le pouvoir de « saisir l'infini dans la forme du fini, puis maintenant repoussé, [de chercher] à poser l'infini hors de cette forme, mais justement, dans le même moment, [de tenter] à nouveau de le saisir dans la forme de la finitude »[4], et ainsi de suite à l'infini. Ce pouvoir d'aller et de venir ainsi dans l'indécision entre le fini et l'infini, le limité et l'illimité, le déterminé et l'indéterminé, de tracer et d'estomper la limite en la repoussant, voilà le pouvoir de l'imagination. Ce pouvoir est proprement *créateur* : par lui s'engendre, *dans le temps*, une limite, une détermination *instable* – c'est-à-dire une *déterminabilité* infinie.

Située « au milieu », « flottant » entre le formel de la norme fondamentale et l'empirique du cas individuel, la loi positive, en tant que produit de l'imagination (et parce que le produit de l'imagination se confond avec son propre mouvement), est elle-même mobile, instable et dynamique. Elle demeure aussi éloignée de la déterminité abstraite de la forme (pour laquelle l'empirique est l'informe) que de

1. FDN, p. 118. C'est nous qui soulignons.
2. Fichte, *Assise fondamentale de la Doctrine de la science*, trad. fr. A. Philonenko « Les principes de la doctrine de la science », dans *Fichte. Œuvres de philosophie première*, Paris, Vrin, 1972, p. 148.
3. *Ibid.*, p. 100.
4. *Ibid.*

la déterminité concrète de l'individuel (pour laquelle le formel est l'indéterminé). Elle flotte à ce point entre le formel et l'informel, entre le déterminé et l'indéterminé, que par elle la norme fondamentale n'est jamais totalement particularisée ni le champ d'effectuation de la norme fondamentale totalement compris sous elle. Elle est le lieu même de la *création* juridique, de la déterminabilité infinie de la norme fondamentale.

Ce que, par ailleurs, la loi positive prescrit c'est seulement un procédé, une règle ou une méthode de subsomption de l'empirique sous le formel – la représentation d'un procédé pour la faculté de juger du droit des personnes. Il convient donc, pour comprendre avec exactitude la doctrine fichtéenne du jugement de droit, de rejeter tout autant le modèle du *common law* anglo-américain, d'après lequel seuls les tribunaux produisent du droit, que le modèle d'une application mécanique du droit qui nie aux tribunaux toute participation à la genèse du droit. La sentence est certes déjà contenue dans la loi parce que la loi a prévu tous les cas de son application, mais elle ne les a pas prévus au sens où elle les aurait exhaustivement recensés : elle les a prévus comme un *schème* prévoit, c'est-à-dire préforme pour un jugement possible le procédé général d'une subsomption.

La loi de contrainte (la loi pénale), en tant qu'elle est une loi positive, est donc une telle *norme dynamique*, dont la vocation est d'anticiper une réalité encore absente (l'action non conforme au droit), de former par avance l'horizon où cette réalité se présentera en exposant la règle ou le procédé qui permettra de se la représenter et de la juger. C'est en cette mesure qu'elle « contient déjà la sentence » : dans la mesure où elle est l'esquisse d'une réalité absente et seulement possible.

En comprenant le jugement de droit comme subsomption mécanique du cas individuel sous la loi, et en interprétant l'inhérence de la sentence à la loi comme signifiant la détermination juridique des moindres actes susceptibles de nuire au droit, Alain Renaut expose le *Fondement du droit naturel* au reproche injustifié que lui fait Hegel dans l'écrit sur *La différence entre les systèmes philosophiques de Fichte et de Schelling* de vouloir déterminer toute relation vivante par la loi et d'engager, ce faisant, la législation dans un processus sans fin de détermination abstraite des moindres infractions [1].

Il importe d'insister sur le sens de cette pré-formation de l'avenir par la loi pénale. Le droit pénal ne répond pas, pour Fichte, à une exigence de répression, mais de *prévention*. La fin de la loi pénale est de faire « que le cas de son application ne survienne aucunement » [2]. Il suffit, à cette fin, que chacun puisse se représenter clairement le procédé par lequel la norme fondamentale du droit s'applique à tel ou tel domaine d'objet et la méthode par laquelle le pouvoir judiciaire assure infailliblement au criminel son droit à la peine. La clarté du procédé fait que nul ne peut ignorer qu'il sera puni et comment il le sera, de sorte que la volonté criminelle toujours assurée d'échouer sera, pour ainsi dire, détruite *ab ovo*, et que dans un réel État de droit les tribunaux auront « peu à faire » [3].

On peut évidemment objecter qu'une telle dissuasion est purement théorique. Et chacun sait, en effet, que la certitude de la peine ne dissuade pas toujours de commettre le crime. Mais cela, Fichte ne l'a pas nié. Il ne suffit pas de savoir que l'on sera puni pour ne pas vouloir enfreindre la loi ; il faut aussi ne pas espérer échapper à la peine par la dissimulation de son crime.

C'est cette condition qui appelle les sarcasmes de Hegel dans l'écrit sur la *Différence entre les systèmes philosophiques de Fichte et de Schelling* : à savoir, le contrôle policier des citoyens, ou plus exactement la nécessité de pouvoir partout reconnaître tout citoyen comme étant telle ou telle personne déterminée moyennant l'institution d'un passeport intérieur [4].

Laissons de côté le fait que Fichte recommande l'interdiction aux fonctionnaires de police, « sous peine de sanction, de jamais exiger la présentation de ce passeport par simple malignité ou par curiosité, mais seulement quand la légitimation de la personne est nécessaire, nécessité dont il faut qu'ils soient obligés de rendre compte auprès de

---

1. Hegel, *La différence entre les systèmes philosophiques de Fichte et de Schelling*, trad. fr. B. Gilson, Paris, Vrin, 1986, p. 159.
2. FDN, p. 271.
3. FDN, p. 199.
4. FDN, p. 304.

l'instance dont ils relèvent »[1]. Précisons seulement qu'un tel contrôle ne doit être le fait « d'aucune personne chargée d'épier en secret »[2], d'aucune police secrète, puisque « cultiver le secret est de toute façon mesquin, bas et immoral », et que « chacun doit oser faire sous les yeux de tout le monde ce qu'en général il ose faire »[3]. Car, là est bien le sens inaperçu par Hegel de la loi de police qui au côté de la loi civile agit pour que la législation criminelle devienne caduque : elle vise à la plus absolue publicité des actes commis par chaque citoyen, c'est-à-dire des actes qui engagent la vie en commun au sein d'un système de limitation réciproque des libertés.

Faute d'une telle publicité, la découverte d'un coupable comporte « de grandes et insurmontables difficultés »[4] ; or, c'est, dans ces conditions, « une évidente injustice que de punir selon la rigueur de la loi le peu d'individus qui sont pris sur le fait. Puisqu'ils voyaient tout autour d'eux l'impunité n'étaient-ils pas fondés à prévoir qu'eux aussi en bénéficieraient ? ». Il serait donc plus juste que la police découvre, c'est-à-dire soit en mesure de découvrir tout coupable sans exception.

LA RÈGLE DE LA PRÉSOMPTION D'INNOCENCE

C'est ici, très exactement que prend sens la règle judiciaire de la présomption d'innocence.

Cette règle, Fichte l'évoque brièvement dans la troisième et dernière section de la doctrine du droit politique (ou droit naturel appliqué) de son *Fondement du droit naturel* de 1796. Elle participe à la réponse qu'il convient, selon lui, de donner à la question de « la *forme* de l'enquête judiciaire, c'est-à-dire du procès »[5] ; la règle étant en effet « que le plaignant doive apporter la preuve positive » (quand il n'en est pas dispensé par la preuve négative), de sorte que l'accusé demeure présumé innocent jusqu'à ce que cette preuve ait été fournie.

---

1. FDN, p. 304-305.
2. FDN, p. 310.
3. FDN, p. 311.
4. FDN, p. 310.
5. FDN, p. 298.

La reconnaissance de la présomption d'innocence comme règle de l'enquête judiciaire s'appuie sur le § 20 du *Fondement du droit naturel*, entièrement consacré à la législation pénale, où Fichte soutient que « dans un État bien organisé aucun innocent ne doit être puni », et où il recommande en conséquence la « suspension de la procédure judiciaire […] pour tout soupçon non démontré ». Mais on notera surtout que, reléguée dans la toute dernière section de l'ouvrage, la question de la forme du procès n'est pas abordée par Fichte au sein de la doctrine du droit *proprement dite*, c'est-à-dire de l'exposé purement *a priori* du concept de « la seule et unique constitution conforme au droit »[1]. Cette question, ainsi que la règle de la présomption d'innocence qui y répond, n'appartiennent pas à la science du droit (en tant que détermination *a priori* de la constitution juridique), mais à la science *politique*, qui traite de la manière la plus conséquente de réaliser la loi juridique dans un État particulier *déterminé par des caractéristiques empiriques et contingentes*. Comme toutes les solutions proposées par Fichte aux différentes questions qui se posent dans l'ordre de la science politique, la présomption d'innocence « se fonde [donc] sur la situation des peuples ».

En effet, c'est d'abord parce que la transparence de la société à elle-même n'est pas réalisée – ce qui est le cas dans tous les États contingents ou « ordinaires », c'est-à-dire dans les États où la législation criminelle s'applique –, qu'il est juste, faute de preuve, de présumer l'accusé innocent. La présomption d'innocence est donc du point de vue du droit tout aussi contingente (dépend de l'imperfection politique des États) que nécessaire : sans la stricte application de cette règle dans la procédure judiciaire l'incapacité de la puissance publique à identifier les criminels aurait pour corollaire l'arbitraire des condamnations.

Il importe alors de relever la signification *critique* de l'institution d'une telle règle. L'adopter, c'est en effet dénoncer l'existence d'un certain désordre, d'une certaine opacité des comportements et des actes, d'une relative in-civilité affectant l'ensemble des rapports au sein de la communauté sociale.

1. FDN, p. 295.

Une in-civilité, qui, dans les « États existants », est telle que ce serait « une injustice »[1] si l'on tentait brusquement d'y mettre un terme et de satisfaire l'exigence de découvrir l'auteur de toute action illégale par l'instauration d'un contrôle policier semblable à celui que décrit Fichte. Ce que nous appelons « l'État policier » ou « l'État sécuritaire » n'est en effet pas l'État fichtéen, mais tout État contingent qui soumet ses citoyens à un contrôle systématique sans réformer la législation civile, sans cesser d'être autre chose qu'une « oppression des plus faibles par les plus forts sous le prétexte du droit »[2]. Un renforcement des pouvoirs de police que le peuple opprimé supporte d'ailleurs difficilement, qui annonce plutôt l'affaiblissement de l'État et prépare son effondrement, tant il est vrai, pour Fichte, « que là où règnent, venant d'en haut, désordre et injustice, le gouvernement ne peut subsister que dans la mesure où il permet également à ce qui est en dessous de lui une bonne part de désordre, pourvu que ce désordre ne l'atteigne pas lui-même »[3].

La tolérance du désordre et une certaine opacité des rapports sociaux sont ainsi étroitement solidaires ; le danger étant toujours pour la puissance publique, dès lors qu'elle est corrompue, de ce voir réclamer par ses sujets l'honnêteté qu'elle exige d'eux à coup de contrôles policiers. La présomption d'innocence est, sous une telle condition (c'est-à-dire la condition d'un État imparfait), une précieuse garantie : celle de ne pas être victime du désordre toléré par de mauvais administrateurs du droit.

LE DROIT DE SUBSISTER

La seconde condition propre à dissuader du délit est, pour Fichte, de pas y être poussé par la passion de l'appropriation du bien d'autrui : « car d'où proviennent tous les délits, si ce n'est de la cupidité et de la passion qu'elle suscite, ou encore du dénuement et de la pauvreté, lesquels n'existeraient pas si la loi veillait comme il convient à la propriété de chacun ? Et comment peuvent-ils se produire une fois que

1. FDN, p. 310.
2. FDN, p. 309.
3. FDN, p. 310.

leurs sources ont été détournées? Une bonne loi civile et son administration rigoureuse rendent superflue toute application de la législation criminelle »[1].

On ne saurait donc dire, comme le jeune Hegel, que l'État fichtéen « n'est pas une organisation, mais une machine » telle que « le peuple n'est pas le corps organique, la richesse vivante d'une communauté, mais une multiplicité d'atomes, une vie raréfiée », soumise à la loi de contrainte comme à « un entendement étranger »[2]. Car la loi de contrainte ne s'applique jamais, pour Fichte qu'en raison d'une inconséquence ou d'une corruption de la loi civile et du gouvernement qui l'administre. Dans un système du droit réalisé, c'est-à-dire dans une communauté où le « pouvoir de vivre » de chacun est également garanti et d'où la pathologie de l'appropriation a été éradiquée, la législation criminelle n'a tout bonnement, pour l'auteur du *Fondement du droit naturel*, plus raison d'être.

Il faut préciser ce que Fichte entend par « veiller comme il convient à la propriété de chacun ». La propriété n'est, pour lui, nullement la propriété des biens : la « propriété absolue et inaliénable de tous les hommes » est d'abord pour le *Fondement du droit naturel* de « pouvoir vivre de son travail », et le libre usage d'une « certaine sphère d'objets » n'est reconnu à chaque individu dans le contrat de propriété, qu'à cette seule fin de pouvoir vivre[3]. Le droit civil et le pouvoir qui l'administre n'ont donc d'autre but que l'organisation du travail et la garantie sociale de la subsistance de chacun.

L'ensemble des propositions avancées en 1800 dans *L'État commercial fermé*, où Fichte établit parfois dans le détail les mesures économico-politiques propres à une administration rigoureuse du droit, reposent sur cette doctrine de la propriété, qui récuse d'abord le préjugé de la propriété des choses pour lui substituer la reconnaissance du seul « droit exclusif d'exercer un métier ou une industrie, à propos duquel il n'est question ni de la propriété très aléatoire des outils ni de

1. FDN, p. 199.
2. Hegel, *Différence entre les systèmes philosophiques de Fichte et de Schelling*, *op. cit.*, p. 161.
3. FDN, p. 223.

celle des objets nécessaires à l'exercice de cet art »[1] ; de telle sorte que le droit de propriété doit être exclusivement conçu comme « droit d'exclure autrui d'une certaine activité libre, réservée à soi seul, et nullement comme possession exclusive d'objets ». Ce présupposé décisif, la *Doctrine du droit* de 1812 l'affirme de nouveau en comprenant le contrat de propriété comme assignation à chacun de sa « sphère » d'activité, c'est-à-dire du « quantum d'usage de liberté qui lui revient exclusivement »[2].

Comme dans le *Fondement du droit naturel* en 1796, comme dans *L'État commercial fermé* en 1800, ce droit de propriété repose sur un droit plus fondamental de la personne : « le droit à sa propre subsistance »[3]. L'on a pas été assez attentif, semble t-il, à l'influence profonde et constante exercée sur Fichte par la Révolution française, non pas comme événement, mais comme production d'idées sociales. On peut citer le discours « Sur les subsistances » de Robespierre[4] : « Quel est le premier objet de la société ? C'est de maintenir les droits imprescriptibles de l'homme. Quel est le premier de ces droits ? Celui d'exister. La première loi sociale est donc cele qui garantit à tous les membres de la société les moyens d'exister ; [...] la propriété n'a été instituée ou garantie que pour la cimenter ».

La reconnaissance d'un tel droit a certes aussi été revendiquée, plus près de nous, par la pensée libérale, dite « solidariste ». Un mouvement international réclamant l'attribution d'une « allocation universelle », ou « revenu d'existence » universel, a vu le jour[5]. Cherchant ses racines dans la Révolution française, invoquant Condorcet et Thomas Payne, ce mouvement a pu se faire admettre en Europe comme l'une des sources possibles du renouveau de la pensée sociale ; et il a pu séduire une partie de la gauche européenne, qui convaincue

1. Fichte, *L'État commercial fermé*, trad. fr. D. Schulthess, Lausanne, L'Âge d'Homme, 1980, p. 110-111 (dorénavant cité ECF).

2. Fichte, *Rechtslehre*, R. Schottky (ed.), Hambourg, Meiner, 1980, p. 38 (dorénavant cité RL).

3. *Ibid.*, p. 41.

4. Robespierre, « Sur les subsistances et le droit à l'existence », 2 décembre 1792, à la Convention, dans *Robespierre. Pour le bonheur et la liberté. Discours*, Y. Bosc, F. Gauthier et S. Wahnich (éds.), Paris, La Fabrique-éditions, 2000, p. 183.

5. Voir le site du Basic Incom European Network (BIEN), à l'adresse suivante : http://www.etes.ucl.ac.be/BIEN/Index.html.

de l'inéluctabilité du capitalisme, a vu dans l'allocation universelle une proposition susceptible de contrer les conséquences sociales désastreuses du règne sans partage de l'économie libérale. Il est vrai que Babeuf réclamait aussi des institutions sociales qu'elles « assur[ent] à chacun et à sa postérité, telle nombreuse qu'elle soit, la suffisance » [1]. La proposition libérale-égalitariste pouvait ainsi passer pour l'héritière de la pensée sociale révolutionnaire d'où allait naître le socialisme. L'égalitarisme fichtéen ne saurait toutefois, pas plus que l'égalitarisme babouviste, auquel il s'apparente, être sérieusement confondu avec cet « égalitarisme » libéral.

Une brève confrontation des présupposés de la doctrine sociale fichtéenne avec les présupposés de la doctrine qui sous-tend la proposition du revenu d'existence, tels qu'ils sont par exemple exposés dans le premier livre de Philippe Van Parijs, *Qu'est-ce qu'une société juste ?* [2], sera ici éclairante.

Il est vrai que, dans *L'État commercial fermé*, Fichte envisage le versement d'une allocation en numéraire aux pères de famille ; mais il ne s'agit là pour lui que d'une mesure destinée à permettre à chacun de prendre « [sa] part légitime à la prospérité croissante de toute la nation » [3] en équilibrant la valeur des marchandises et la quantité de monnaie en circulation – une mesure qui, par ailleurs, doit être encore associée à la diminution des prix. Là est l'essentiel : la justice consiste pour Fichte dans le *partage égal de la prospérité*, lui-même fondé dans le *partage égal de l'activité* – c'est-à-dire dans la contribution égale de chaque citoyen au bien commun. À l'inverse, l'allocation universelle a explicitement pour but, selon Van Parijs, de garantir la seule égalité des possibilités ou des chances et non le niveau de bien-être général ; elle n'est en rien affaire d'optimalité collective et est donc fondamentalement compatible avec des inégalités majeures. Elle maximalise simplement le minimum qui peut être donné aux plus démunis afin de leur garantir une chance d'entrer dans la compétition

---

1. Babeuf, « Le manifeste des plébéiens », « Le Tribun du peuple », n°35, 9 frimaire An IV (30 novembre 1795), dans Babeuf, *Écrits*, C. Mazauric (éd.), Paris, La Dispute, 1988, p. 228-238.

2. P. Van Parijs, *Qu'est-ce qu'une société juste ? Introduction à la pratique de la philosophie politique*, Paris, Seuil, 1991.

3. ECF, p. 103.

généralisée des actions, c'est-à-dire du travail qui demeure lui-même inégal en quantité, en qualité et dans ses résultats. L'égalitarisme ou le « solidarisme » libéral peut même aller jusqu'à justifier l'inégalité des citoyens dans l'accès aux différentes modalités du pouvoir social et politique, en fondant cette inégalité sur les différences dans l'usage que les individus font de l'égalité maximale des chances qui leur est garantie.

On comprend par contraste à quel point le principe fichtéen d'un partage égal de l'activité est propre à asseoir la justice sociale, chacun ayant en vertu d'un tel principe une part égale au développement général et donc un droit égal sur ses bénéfices. Dans l'État fichtéen administré rationnellement selon le principe du droit, « tous sont serviteurs du tout, et obtiennent pour cela leur juste part des biens du tout. Personne ne s'enrichira de façon extraordinaire, mais personne ne s'appauvrira non plus. À tous les particuliers, la permanence de leur situation est garantie, tout comme celle du tout »[1]. Fichte est ici en accord avec Babeuf qui, en 1795, dans « Le Tribun du peuple » présente la meilleure forme de gouvernement comme celle en laquelle « il faut qu'il y ait impossibilité à tous les gouvernés de devenir, ou plus riches, ou plus puissants en autorité, que chacun de leurs frères ; afin qu'au terme d'une juste, égale et suffisante portion d'avantages pour chaque individu, là, la cupidité s'arrête et l'ambition rencontre des bornes judicieuses »[2]. Or, une telle impossibilité d'enrichissement ou d'appauvrissement ne peut être fondée que sur la *limitation* de l'activité – sur le droit au travail pour autant que, comme droit individuel, il est assignation à chacun, par contrat avec tous, d'une sphère et d'une quantité de travail *déterminées*. Nul ne saurait donc par un surcroît de travail, de mise en œuvre ou d'application de ses facultés, s'élever en richesse ou en puissance au-dessus de ses concitoyens. « Chacun », précise Fichte, ne doit obtenir par son travail que « la qualité de force et de bien-être requise par son occupation déterminée »[3].

1. ECF, p. 88.
2. Babeuf, *op. cit.*
3. ECF, p. 87.

Il est, pour finir, un dernier point, à vrai dire capital, sur lequel le libéral-égalitarisme de Van Parijs entre en contradiction avec la doctrine fichtéenne de la justice sociale. La définition libérale de la justice est totalement indépendante d'une quelconque conception de la vie bonne. Il ne revient en aucun cas, d'un point de vue libéral, aux institutions sociales de promouvoir une conception parmi d'autres de ce que serait une vie humaine réussie. On pourrait croire en lisant – superficiellement – la *Doctrine du droit* de 1812, qu'il en va de même pour Fichte, lorsque celui-ci écrit que chaque individu « peut » utiliser pour « se former (*bilden*) » les loisirs qui lui sont octroyés en vertu du contrat de propriété (c'est-à-dire de répartition du travail), mais « qu'il n'est pas nécessaire qu'il le fasse (*er muss nicht*) »[1]. Comme si l'administration rationnelle de la propriété était indépendante d'une quelconque destination de l'humanité. Or, la faculté d'avoir des fins supra-sensibles reste pour Fichte en 1812 « la vraie liberté »[2], et, si le but de l'État rationnel est la subsistance, sa « fin dernière » est bien la liberté morale ou éthique (*sittliche Freiheit*)[3]. L'insistance sur cet aspect constitue l'apport spécifique de la *Doctrine du droit* de 1812 : le loisir est la véritable fin de l'État, par rapport à laquelle le travail n'est qu'un moyen ; à tel point qu'il revient d'abord à l'État d'économiser le travail pour gagner du loisir, mais, insiste Fichte, à cette seule et unique fin qui est de libérer du temps pour l'éducation à la liberté, pour rendre par l'éducation chacun apte à se donner soi-même des fins – c'est-à-dire en vue de la supression de l'État devenu inutile pour une communauté d'hommes jugeant et agissant moralement[4].

La juste administration politique du droit, au plan social, comme au plan pénal, n'a donc d'autre fin, pour Fichte, que de rendre superflu toute contrainte politique.

Jean-Christophe GODDARD
Université de Poitiers
ERRAPHIS – Université de Toulouse Le Mirail

1. RL, p. 47.
2. RL, p. 46.
3. RL, p. 50.
4. RL, p. 53.

L'ANALYSE HÉGÉLIENNE DE LA JUSTICE DEPUIS L'ESPRIT ABSOLUMENT LIBRE

DU NON-DROIT AU TRIBUNAL DU MONDE

Si le souci que Hegel a manifesté pour le problème politique en général et l'interprétation du concept de droit naturel est profond et conséquent, on pourrait être frappé par le peu d'occurrences explicites du concept de justice que ce soit dans le corpus hégélien lui-même ou dans les commentaires, y compris chez ceux qui portent sur la philosophie du droit. Hegel connaît de façon précise les théories classiques du droit, les doctrines défendues par les juristes de son époque et discute dans le détail les pensées de Kant et de Fichte mais il n'a guère centré son propos sur le problème et les théories historiquement données de la justice. Tel est d'ailleurs souvent le cas dans le système hégélien lorsqu'un concept occupe aussi une fonction méthodologique ou dialectique en dehors de sa compréhension la plus immédiate : la justice n'est pas simplement une valeur morale qu'on trouverait à côté de la bravoure ou de la bonté, ni une prérogative de l'État parmi d'autres, mais un opérateur d'égalisation, elle n'est pas seulement dialectisable (comme l'injustice) mais facteur de dépassement. L'analyse de ce thème suppose par ailleurs de franchir une sorte de rempart conceptuel constitué par la liberté aussi bien comme destination finale du développement complet de l'esprit (liberté en laquelle finissent par se fondre, en leur détermination absolue, la vérité, l'identité, la subjectivité mais aussi la justice et le bonheur) que dans ses rapports plus déterminés avec le droit formel, la concrétisation de la volonté libre, laquelle ne trouve son plein épanouissement, comme morale concrète, que dans la morale objective, c'est-à-dire l'existence éthique, et spécialement son troisième moment, l'État. Quel rôle la justice remplit-elle dans le processus de production de la liberté absolue de l'esprit, elle-même indissociable d'une effectuation historique, politique de son concept, ou plus précisément, dans quelle mesure la découverte de la liberté comme vie et vérité de l'esprit joue-t-elle sur la conception du juste et du judiciaire ? Qu'en est-il par ailleurs de la forme spécifique de transcendance assignée particulièrement à la justice, en raison de son indépendance (la recherche d'équité peut s'envisager en dehors des règles du droit), de sa teneur morale (un principe reste juste même s'il n'est pas appliqué) et de sa fonction philosophique normative ? Et de quelle manière Hegel associe-t-il la notion de justice à sa refonte de l'idée de positivité ? En réalité, la relation entre justice et liberté manifeste une conception logique de la norme qui, comme concept déterminant, ne peut être seulement transcendant à ce qu'il détermine et maintenir ainsi une extériorité (formelle, ou arbitraire) entre le principe et son application. En même temps, si c'est de la liberté selon l'esprit absolu dont il convient de partir, cela a immédiatement pour effet de requalifier la justice, telle qu'elle intervient spécifiquement dans la sphère du droit, en son état d'incomplétude ou d'inauthenticité, rapporté à la propre limitation, extériorité, finité de l'esprit objectif : au moment où elle s'avère vraie, totale, absolue, la justice perd d'ailleurs sa dénomination comme justice (*Gerechtigkeit*, ce terme désigne la justice en général, comme décision ou acte juste ; *Rechtspflege* renvoie à l'administration de la justice) et devient tribunal du monde, droit absolu, lesquels, bien qu'annoncés à la fin du développement objectif de l'esprit, relèvent en réalité déjà de l'esprit en son absolue unité. La justice participe en cela à l'infinitisation de la forme de l'esprit à travers la concrétisation et l'effectuation de la liberté qu'elle accompagne depuis l'abstraction du droit (et la justification de la peine) jusqu'aux institutions de la vie éthique : elle exprime le double refus, extrêmement ferme et constant chez Hegel, du formalisme et de l'abstraction d'une part, de l'arbitraire et du subjectivisme d'autre part : elle est, comme l'État, fondée sur la loi rationnellement élaborée, conçue et connue. La réforme hégélienne de la rationalité philosophique est clairement investie dans sa pensée de la justice à travers le renouveau complet de la détermination du droit naturel et de la positivité car, refusant le double écueil formaliste-empiriste, Hegel fait de la justice un des lieux particuliers d'expression de l'unité de la pensée et de l'être, processuellement, en l'esprit, comme facteur d'équilibre, de stabilité et d'égalisation de l'inégal (égalisation qui ne ressortit jamais à une égalité de fait, Hegel montrant à plusieurs reprises que la nature est plutôt le règne de l'inégalité, de même que l'abstraction maintenue de la loi laisse intacte l'inégalité qui frappe les situations particulières), elle est encore négation de ce qui ne doit pas être et, enfin, moyen d'une unification concrète, suppression de toute séparation et extériorité de soi à soi dans laquelle est simplement juste ce qui est en tant qu'il « s'engendre et jouit de soi éternellement ».

La justice intervient ainsi sur plusieurs plans, comme concept moral, capacité à produire le bien et à le vouloir, concept politique avec ses applications concrètes dans la constitution et l'administration (justice et police), mais aussi expression religieuse (droit divin, droit humain) et jugement que produit l'histoire ; mais cet éparpillement est relativisé par le mouvement du devenir-libre de l'esprit qui apparaît comme le critère d'analyse de la réalisation de la justice, le devenir-vrai de la justice s'affirmant quand la justice permet la réalisation de la liberté. Il faut dans cette perspective prendre en compte la différence entre les situations politiques concrètes telles qu'on les observe, à tel moment et dans leur évolution (la forme d'État visée par le *Système de la vie éthique* est notoirement différente de celle des *Principes de la philosophie du droit*), et la situation politique telle que le philosophe la conçoit : car ce que le philosophe (hégélien) décrit n'est pas une simple idée du droit ou de la justice qui pourrait devenir ou ne pas devenir effective, qui serait simplement une conception de la justice pour l'esprit seul. Ainsi le concept hégélien du droit, de l'État, de la liberté… n'est-il jamais seulement une fabrication de la raison, cela ne veut pas dire pour autant que ce concept soit le simple enregistrement d'une réalité déjà observée, ou le résultat d'une analyse de faits politiques qui aurait vocation à s'ériger en norme. Il existe certes une dimension normative dans la loi selon sa propre détermination, mais plus profondément une dimension normative du concept en général si l'on se souvient que chez Hegel ce n'est pas au fait de prescrire ce que la réalité a à être : le réel n'inspire la norme que parce que la norme se fait réalité. Il n'est donc pas étonnant, en ce sens, que l'analyse rigoureuse des faits permette en même temps de retrouver un discours que ne contredit pas la raison.

JUSTICE ET LIBERTÉ

La Préface des *Principes de la philosophie du droit* fournit des indications décisives pour saisir la situation logique de l'esprit objectif : elle insiste sur l'idée de science et de méthode, d'abord en référence à la nature systématique du texte lui-même, ensuite à partir de la relation entre le logique et l'historique qui conditionne le traitement philosophique du droit. Sous quels aspects le problème de la justice émerge-t-il d'ailleurs chez Hegel ? Comme correctif d'un constat empirique, le fait de l'injustice, ou exigence rationnelle, articulée au bien comme vérité de la volonté, ou encore comme critère de développement immanent des lois garantissant équilibre et sécurité dans l'État ? Si l'on prend en compte, comme Hegel y invite, la circularité de la relation réalité historique/concept, le fait de l'injustice ne peut jamais être seulement un fait, il exprime quelque chose qui le déborde, il outrepasse la ponctualité et l'unilatéralité de son point de vue, cela ne veut pas dire cependant que la rationalité de l'histoire « justifie » l'injustice comme si elle avait une positivité ou une fonction en soi, c'est en terme de négativité, de devenir (donc dialectiquement, relationnellement) qu'elle peut être surmontée : en conséquence, le droit ne se justifie pas par un dysfonctionnement caractéristique de l'existence sociale de l'homme, auquel cas son approche serait moins spéculative (au sens hégélien) que réflexive. À divers titres, la justice se montre comme un procès d'égalisation de l'inégal, sous son aspect tautologique dans la mentalité éthique, sous la forme immédiate et inauthentique de la vengeance, de la sanction infligée pour annuler la lésion préalable infligée par le criminel à la victime, ou encore sous la forme administrative dans laquelle elle préserve les individus singuliers comme membres du Tout. Hegel répond par là dialectiquement aux postures philosophiques qui envisagent le concept de justice depuis le sentiment et la coutume ou abandonnent le devenir politique à son sort en abstrayant le droit du vécu particulier.

L'originalité de la pensée hégélienne de la justice est de concevoir l'effectivité de la liberté en rejetant la prise en compte séparée, et définitivement séparée, d'un idéal de justice irréalisable et d'une maturation aléatoire des peuples et de leur progrès vers la liberté. En effet, l'égalisation de l'inégal et le devenir identique du différent ne peuvent être séparés de la très célèbre formule de la dernière partie de la Préface : « ce qui est rationnel est réel, ce qui est réel est rationnel [*Was vernünftig ist, das ist wirklich ; und was wirklich ist, das ist vernünftig*] ». La philosophie n'est concrète que si elle n'est pas fondamentalement différente de la réalité elle-même, elle est seulement cette réalité en tant que réalisation de la raison, réalisation qui implique malgré tout un certain excédant du rationnel par rapport au réel observable à un moment donné ou sous son aspect simplement historique, sans quoi on ne pourrait plus différencier l'historique et le logique, l'humain et le divin. Ainsi le réel n'est-il pas immédiatement le rationnel, mais en même temps, puisque rien ne serait réel sans le rationnel et puisque la rationalité ne serait rien sans production réelle, rien ne saurait véritablement être au-delà ou en dehors de cette réalité, ce qui supposerait que quelque chose de seulement idéel et à jamais seulement idéel put subsister en dehors du concret, c'est-à-dire être à jamais privé d'effectivité – par quoi ce « rationnel » déréalisé démontrerait précisément sa fausseté (en son non-accomplissement même). C'est pourquoi « ce traité, en tant qu'il contient la science de l'État, ne doit être rien d'autre que la tentative de conceptualiser et d'exposer l'État comme quelque chose de rationnel au-dedans de soi. En tant qu'écrit philosophique, il faut qu'il soit au plus haut point éloigné de devoir construire un État tel qu'il doit être ; l'enseignement qui peut résider en lui ne peut tendre à enseigner à l'État comment il doit être, mais plutôt comment cet État, l'univers éthique, doit être connu ». Le concept fournit la mesure et la norme de toute norme, y compris de la norme que représentent la loi et la justice, c'est pourquoi dialectiquement, historiquement, spéculativement l'injustice est un état qui ne peut pas être, ou plutôt doit-on dire que la position vraie du concept de justice, à la fois inspirée du cours du monde (Hegel construit aussi sa pensée politique à partir de situations concrètes, historiques, comme la conception grecque de l'unité du privé et du public, le rehaussement de cette harmonie au niveau supérieur de la conscience de soi dans la

Révolution française, bafouée dans la terreur, ou juridiques, par exemple dans sa critique de l'éphorat fichtéen ou dans l'article sur le *Reform Bill* anglais) et rationnellement définie, manifeste l'effectivité même des conditions d'avènement de la liberté et de la justice.

La détermination de la liberté dans l'esprit pratique (encore subjectif) part des inclinations ou tendances du sujet qui commencent à s'élever au niveau de relations rationnelles sous la forme des droits et des devoirs. Comme il est impossible de déterminer le sens d'une tendance qui en tant que telle ne peut être évaluée, la justice n'est déterminable qu'à l'échelle de l'objectivité politique. La vérité de la volonté c'est en effet la volonté de soi, ou la volonté qui se veut elle-même, car vouloir le différent de soi revient à maintenir la différence de ce qui veut et de ce à quoi s'applique le vouloir, une manière de vouloir qui relève du fonctionnement de l'entendement qui a tendance à voir dans la liberté une simple faculté, c'est-à-dire une possibilité qui reste extérieure à son contenu. La volonté authentique est celle dans laquelle la forme est aussi bien le contenu, elle devient volonté effective lorsqu'elle décide et annule la relation d'extériorité par laquelle un contenu quelconque est toujours possible. Le refus de tout légalisme, patent dans la dialecticité même du droit, fait que le droit formel hégélien n'est jamais un droit seulement formel et, pour cette raison, s'il définit sa position par sa suppression prochaine dans la morale objective, il n'en est pas moins justifié par celle-ci en tant qu'elle concrétise son universalité dans la forme de l'État. L'homme est, par le droit, créateur de sa nature, et il ne peut être sa propre nature comme libre que comme nature seconde, négatrice de la première, disposant d'elle-même, s'organisant donc se rationalisant dans les structures (lois, codes, institutions) par lesquelles il détermine l'objectivité qui lui est appropriée. Dans le droit l'esprit se produit lui-même selon la vérité de son sens, la liberté, et il ne pose pas seulement cette nature comme libre, il démontre que sa nature est liberté en produisant librement cette nature, en faisant de sa nature le résultat de la liberté, à l'inverse d'une liberté qui serait envisagée depuis son contraire, une nature non-libre qui, par échelons, tenterait de se hisser jusqu'à elle. La liberté n'est dernière que lorsqu'elle est première.

LE FONDEMENT RATIONNEL DE LA JUSTICE
ET LA JUSTICE COMME CRITÈRE

Dès ses premiers travaux Hegel cherche à définir les modes de la conciliation du religieux et du politique, du particulier et de l'universel, notamment à travers l'idée de « l'esprit d'un peuple », un idéal de communauté harmonieuse inspiré de la cité grecque. Le modèle de la véritable union, – et c'est aussi en ces termes que l'on peut appréhender le concept de justice : être un, ne pas être déchiré, séparé d'avec soi – Hegel lc voit en la figure de Jésus, la réunion comme amour, puis dans le concept de vie. La prise en compte de la forme moderne de la subjectivité, l'autonomie de la pensée et l'exigence morale en tant qu'elle est portée par l'individu, marque les limites de la manière grecque de conceptualiser l'État et la justice comme son critère, mais ce manquement résulte en même temps, comme le dit Hegel, de l'ancrage de cette pensée dans une réalité vivante, elle ne s'est pas construite en dehors des données politiques concrètes de son époque. Inversement, la réflexion sur les conditions pratiques d'une telle conciliation fait apparaître dans les systèmes de Kant et de Fichte une retombée dans l'individualisme et l'arbitraire due à l'abstraction des principes qui sont censés gouverner le droit. La liberté, ramenée d'un côté à une forme de libre arbitre, n'est pas pensée cn termes substantiels comme liberté dc la totalité (sous laquelle l'individu est compris, sans y être perdu ou écrasé), de l'autre, cantonnée à une position idéale, elle n'est pas en mesure de rejoindre véritablement la réalité historique : la liberté ne peut être fondatrice que si rien ne subsiste en dehors d'elle, sous la forme d'un indéterminable sur lequel elle n'aurait pas de prise. Autrement dit, une liberté abstraite, qui ne rejoint pas absolument le réel (qui reste donc une liberté négative, se déterminant par son opposition maintenue à tout élément empirique) ne peut servir de véritable point de départ à une pensée du droit et la morale comme doctrine du devoir (telle qu'on la rencontre chez Kant) est insuffisante à fonder l'organisation juridique et institutionnelle de l'existence humaine.

Comment dans ces conditions l'exigence d'unification s'accommode-t-elle de l'état particulier dans lequel se trouve le droit à un moment donné ou le droit tel qu'il est écrit ? Au départ, Hegel voit justement dans la positivité (du droit, de la religion, de la loi) l'expression d'une contrainte qui fait que ce à quoi s'applique la loi reste dans l'ignorance et dans l'impuissance vis-à-vis de l'ordre auquel il se soumet. Elle demeure dans les écrits de Berne une autorité qui s'impose extérieurement à l'individu mais elle est aussi déterminée comme écart à l'intérieur du développement historique de la raison, « ce qui ne doit pas être » dépendant toujours de la rationalité « qui a à être » (une raison que Hegel n'a pas encore pleinement conçue spéculativement); par la suite Hegel supprime la forme de l'extériorité dans laquelle sont encore prises les différences de la nature (du rationnel) et du positif (de l'historique), le positif étant réintégré processuellement dans le mouvement d'égalisation avec soi, il est un moment dans un devenir où il marque la différenciation à soi du soi. Le statut du négatif défini à Iena achève cette assimilation du positif qui en confirme la rationalité propre. La transfiguration du droit en droit rationnel par laquelle sont dépassées les conceptions formalistes et empiristes du droit relève donc d'un approfondissement de la détermination logique de l'histoire, par quoi le fini est négativement articulé au devenir vrai de l'esprit, « car la vitalité éthique du peuple est précisément en ceci qu'il a une figure dans laquelle la déterminité est, toutefois non pas en tant qu'un positif (selon l'usage que nous avons fait jusqu'à présent de ce mot), mais absolument réunie avec l'universalité et vivifiée par elle ». Le mouvement d'égalisation qui permet de penser positivement (affirmativement) la justice ne peut par conséquent être ramené à un travail mécanique d'application qui tend à occulter la vie spirituelle de ce qui juge et de ce qui est jugé. Autrement dit, la posture empiriste débouche nécessairement sur un traitement strictement d'entendement des situations, et c'est toujours le cas quand l'identité, spéculativement conçue, ne constitue pas la mesure préalable de toute réalité (mesure qui ne contrevient pas à une nécessaire, et rationnelle, marge d'appréciation dans le rapport du cas particulier à la loi).

La relation entre le droit naturel et le droit positif analysée par Hegel dans la longue remarque du paragraphe 3 de l'Introduction, permet de distinguer la justification contingente du droit par les circonstances de l'histoire de sa justification rationnelle : ce n'est donc pas parce que l'on peut expliquer tel aspect du droit dans tel contexte (par exemple dans le droit romain, le pouvoir paternel ou le mariage) que ce contenu est rationnellement justifié et engendré. La justification par les faits et l'application stricte de la règle peuvent alors conduire, dans la forme comme dans le contenu, à des situations injustes. La justification pleine du positif, impliquant réciproquement, comme l'a exposé l'article sur le droit naturel, l'immixtion de celui-ci dans l'histoire particulière des peuples, suppose une entente de l'histoire irréductible à la simple succession des faits. En résumé, l'erreur ou l'injustice (formelle, au sens dialectique ou méthodologique du terme : la forme comme auto-mouvement du concept ou concept concret) revient à un dysfonctionnement dont le principe est logique avant d'être, de manière tout aussi dommageable, politique. Hegel remarque dans les Principes qu'« On a ainsi coutume de parler des concepts juridiques romains, germaniques, des concepts juridiques tels qu'ils sont déterminés dans tel ou tel code, alors qu'il n'intervient à ce propos rien qui soit concept, mais seulement des déterminations juridiques universelles, des propositions d'entendement, des principes, des lois, etc. – En négligeant cette différence, on aboutit à détraquer le point de vue et à déplacer la question de la justification véritable vers une justification par des circonstances, vers une concordance avec des présuppositions qui valent peut-être tout aussi peu pour elles-mêmes, et [on aboutit], de façon générale, à mettre le relatif à la place de l'absolu, le phénomène extérieur à la place de la nature de la Chose ». La positivité authentique de la loi suppose ainsi une appropriation de la loi par le peuple en sa particularité, de rassembler et de faire connaître les règles du droit de telle sorte que l'universalité de la règle devienne une universalité déterminée.

Par ailleurs, contre l'extériorité maintenue entre les différents pôles de la loi, Hegel conçoit un lien de reconnaissance réciproque qui garantit la présence (le souci) de l'universel dans le particulier et du particulier dans l'universel. La reconnaissance est la distance dialectisée qui permet la découverte de soi dans l'autre, l'appropriation de l'altérité en soi. La loi est l'opposé de l'arbitraire, lui-même ennemi de la liberté, et celui qui veut le bien du peuple ne peut qu'aimer la loi. Le mal chez Hegel, comme l'injuste, désigne pour cette raison toujours moins un contenu avéré qu'un type de rapport (ou une mécompréhension du rapport). Hegel dénonce cette abstraction qui prend le risque d'aboutir à un mépris absolu de l'existence empirique en expliquant que « le bien-être n'est pas un Bien en l'absence du droit. De même, le droit n'est pas le Bien en l'absence du bien-être [*fiat justicia ne doit pas avoir pour conséquence que pereat mundus*] ». Le résultat de cette situation de séparation, c'est la contradiction selon laquelle ce qui doit réaliser « ce qui doit être » n'a pas d'effet sur ce qui est. Dans la *Phénoménologie de l'esprit* Hegel a pareillement montré le renversement de la moralité en immoralité en raison d'un formalisme qui la conduit à pouvoir s'appliquer indifféremment à n'importe quelle détermination. Aussi, lorsque le droit n'est pas en mesure de totaliser le disparate que présente alors la communauté politique, manifeste-t-il en même temps son indifférence à l'adhésion des sujets aux lois qui s'imposent à eux et à leur intelligence de celles-ci.

Hegel est donc amené à récuser certains aspects majeurs du droit naturel moderne, précisément eu égard aux conditions d'avènement de la liberté politique. Il explique en particulier qu'on ne peut pas penser l'émergence de la liberté depuis un état pré-social de l'homme (tel que l'état de nature) car celle-ci dépend alors d'un événement contraignant : en clair, et contrairement à la formule de Rousseau au chapitre 7 du *Contrat social*, il n'est pas possible de « forcer quelqu'un à être libre ». La différence extérieure entre l'universel et le particulier produit une contrainte et une violence qui maintiennent ce que Hegel réprouvait déjà à Francfort dans sa stigmatisation du légalisme (dans le judaïsme et dans la morale kantienne, où l'homme devient esclave de lui-même, ce qui ne vaut guère mieux que d'être esclave d'un autre) à savoir un rapport figé de dominant à dominé. C'est la contrainte, également sous l'aspect du délit ou du crime (comme acte contraignant), qui justifie chaque fois le rétablissement de l'ordre : la justice concrétise ainsi le principe de la liberté en abolissant cette extériorité (ou injustice). Enfin Hegel critique chez Kant comme chez Fichte (bien que le système fichtéen contienne une détermination plus aboutie de la liberté comme condition du droit), l'idée que le droit assurerait la coexistence des libertés par leur limitation réciproque. Les termes de la critique récapitulent ces traits récurrents de la réflexion (séparation, immédiateté, abstraction…) qui conduisent invariablement à une issue contradictoire : l'universel devient l'individuel, la liberté devient contrainte, le politique devient le juridique – ce sont là encore les faiblesses logiques (la systématicité du penser) qui expliquent l'irrecevabilité de ces doctrines : elles commencent par ce par quoi elles devraient finir (inversion morale/État, morale subjective/objective), fragmentent ce qui est le commencement et la fin du politique, rationnellement compris, savoir, l'esprit en sa totale liberté (car on ne peut rassembler ce qui est principiellement séparé).

Dans ces conditions, sur quoi la forme parfaitement réconciliée du politique et du juridique est-elle finalement fondée ? Qu'est-ce qui produit la normativité de la justice ? Dans un fragment de la période de Francfort, premier projet pour la « Constitution de l'Empire allemand », Hegel écrit ceci : « L'édifice de la constitution allemande est l'œuvre de la sagesse [et du destin] des siècles ; il n'est pas porté par la vie de l'époque actuelle ; tout le destin de plus d'un siècle est contenu en lui ; et la justice, la bravoure, l'honneur et le sang, l'état de nécessité d'époques depuis longtemps révolues et de générations depuis longtemps réduites à putréfaction l'habitent encore ; la vie et les forces dont le développement et l'activité sont la fierté de la génération actuelle n'y ont aucune part, n'y trouve aucun intérêt et ne s'en nourrissent pas ; il est isolé de l'esprit du temps dans le monde ». À la même époque, dans un passage du fragment intitulé « Que les magistrats doivent être élus par les citoyens », Hegel articule la justice à la stabilité d'un État, on pourrait même dire, au regard du texte précédent, à son existence même : « N'abandonnera-t-on pas ce qui est instable et n'examinera-t-on pas d'un regard tranquille ce qui relève de l'intenable ? Dans ce jugement, l'unique étalon de mesure est la justice ; et le courage d'exercer la justice est la seule puissance qui permette d'éliminer tout ce qui est branlant avec dignité et tranquillité, et de créer une situation stable ». Cette fonction de stabilisation qui crée et conserve l'État, en se conformant à l'esprit d'un peuple, Hegel l'accorde à la constitution dans les textes berlinois : « La garantie d'une constitution, c'est-à-dire la nécessité que les lois soient rationnelles et que leur réalisation effective soit assurée, réside dans l'esprit de l'ensemble d'un peuple, c'est-à-dire dans la déterminité selon laquelle celui-ci a la conscience de soi de sa raison (la religion est cette conscience en sa substantialité absolue), – et, ensuite, en même temps dans l'organisation effective, conforme à cette conscience de soi, en tant que développement d'un tel principe. La constitution présuppose une telle conscience de l'esprit, et, inversement, l'esprit présuppose la constitution ; car l'esprit effectif n'a lui-même la conscience déterminée de ses principes que dans la mesure où ceux-ci sont présents pour lui comme existants ». Par là Hegel désigne une sorte de développement immanent de la constitution qui épouse le mouvement même de l'esprit d'un peuple, s'y approprie, rendant à l'histoire, encore une fois conditionnée par l'État, l'initiative de son aboutissement. Cette conception de la production (libre) du critère et du moteur de l'esprit objectif est la seule qui manifeste un authentique mouvement de totalisation (l'esprit se rejoint à travers son déploiement historique) et d'appropriation (l'esprit doit être lui-même en son extériorité) : « Ce que l'on nomme ainsi faire une constitution, ne s'est – en raison de cette inséparabilité – jamais rencontré dans l'histoire, aussi peu que l'entreprise consistant à faire un code de lois ; une constitution s'est seulement développée à partir de l'esprit en [parfaite] identité avec le propre développement de celui-ci, et a en même temps que lui parcouru les degrés de la formation et les changements nécessaires en vertu du concept. C'est par l'esprit immanent et l'histoire – et, en vérité, l'histoire est seulement l'histoire de cet esprit – que les constitutions ont été faites et sont faites ». Dans la longue remarque du paragraphe 552 de l'*Encyclopédie* qui traite en particulier du rapport entre l'État et la religion, Hegel écrit qu'« En tant que la religion est la conscience de la vérité absolue, ce qui doit valoir, dans le monde de la volonté libre, comme droit et justice [*Recht und Gerechtigkeit*], comme devoir et loi [*Pflicht und Gesetz*], c'est-à-dire comme vrai, ne peut valoir que pour autant qu'il a part à cette vérité qu'on a dite, est subsumé sous elle et résulte d'elle ». La satisfaction que procure la constitution, en relation avec l'action du gouvernement, suppose donc, outre un renouvellement de la pensée de la religion déjà impliqué dans celui de la philosophie elle-même, la prise en compte de cette liaison de l'esprit absolu avec l'esprit objectif sur laquelle repose la vérité de ce dernier, liaison qui intègre la destination commune à laquelle ils contribuent et une différenciation qui doit se traduire par la séparation (rationnelle) des Églises et de l'État. La religion présente au point le plus élevé l'élément de la confirmation ou de la justification (*die höchste Bewährung*) et de l'obligation (*die höchste Verbindlichkeit*), mais la justice et l'État, quoi qu'apparaissant, au regard de la norme en son absoluité, «quelque chose de déterminé qui passe, comme à son assise, à une sphère supérieure» ont pour force propre et inaliénable de présenter la loi de manière purement rationnelle (indépendamment de la croyance et de ses dérives possibles, superstition, fanatisme). L'insistance de Hegel sur la rationalité de l'autonomie de la sphère politique comme objectivité pensée et pensante (génératrice de rationalité dans son organisation et son expression) – accentuée dans les *Principes de la philosophie du droit*, minorée dans la remarque conclusive de l'*Encyclopédie* – permet de relativiser la fragilité de sa position, médiane, entre l'esprit subjectif et l'esprit absolu. Elle justifie l'idée que le droit accomplit une des missions les plus dignes de l'esprit.

LA JUSTICE DEPUIS L'ESPRIT LIBRE

Le mouvement, pour ainsi dire inverse de la démarche précédente, qui va du droit abstrait au droit absolu, commence dans les *Principes de la philosophie du droit* par la constitution de la personnalité juridique. Elle fournit le cadre formel du droit, inspiré du droit romain, dont l'injonction maîtresse est : «sois une personne et respecte les autres en tant que personnes». Pour que la liberté qui résulte de l'objectivation du sujet ne soit pas limitée, il faut que la personne puisse imprimer sa marque dans la chose extérieure de telle sorte que cette chose exprime aussi le moi en son universalité. Cette dialectique de l'appropriation a pour conséquence annexe de fonder le statut juridique du corps. Parce qu'il s'appartient en tant qu'être libre, l'homme constitue lui-même la norme du juste et de l'injuste, c'est là l'argument qui permet à Hegel au paragraphe 57 d'expliquer pourquoi l'esclavage est injuste : «La prétendue institution-juridique de l'esclavage (dans toutes ses justifications plus précises [:] par la violence physique, la captivité de guerre, la vie sauve, l'entretien, l'éducation, les bienfaits, le consentement propre, etc.) de même que l'institution-juridique d'un règne en tant que pure et simple domination en général, ainsi que toute vision historiographique du droit d'esclavage et de domination repose sur le point de vue qui consiste à prendre l'homme comme être-de-nature en général, selon une existence qui n'est pas appropriée à son concept (et dont fait aussi partie l'arbitraire). L'affirmation selon laquelle l'esclavage est un déni du droit s'en tient en revanche au concept de l'homme comme esprit, comme <esprit> en soi libre [;] elle est unilatérale en ce qu'elle tient pour vrai l'homme en tant que libre par nature ou, ce qui revient au même, le concept comme tel dans son immédiateté, [et] non l'idée ». Le rôle de la justice est en ce cas de rendre effective la conformité à soi du concept d'homme : l'injustice apparaît dans le caractère contradictoire du traitement de l'homme comme être de nature, c'est pourquoi réalité (histoire) et pensée (science) ne peuvent être abordées séparément, la science reste la condition suprême de l'évaluation de ce qui est (est vraie, chez Hegel, non l'idée en tant qu'elle est conforme à la réalité mais la réalité en tant qu'elle manifeste l'idée, elle-même unité de l'être et de l'être-pensé).

Le non-droit, dernier moment du droit abstrait, prend trois formes, le litige (civil), la tromperie (ou fraude), le crime. Le crime porte atteinte à la fois au particulier (la chose en tant qu'elle appartient à telle personne) et à l'universel. C'est donc d'abord comme violence exercée sur une personne que le crime doit être sanctionné (et moins comme production d'un mal comme tel), dans la mesure où « la volonté particulière s'oppose au droit-en-soi dans la négation aussi bien de celui-ci lui-même que de sa reconnaissance ou de son apparence ([c'est là] le jugement négativement infini – § 173 –, dans lequel aussi bien le genre que la déterminité particulière, ici la reconnaissance phénoménale, sont niés) – elle est la volonté violente du mal, qui commet un crime ». La peine est justifiée comme « rétablissement du droit » par l'abrogation du crime (lésion qui affecte la lésion), elle a pour fonction de ne pas faire du crime la norme, de ne pas le faire passer dans le droit : il s'agit de détruire l'existence de la faute par une opération qui porte à la conscience du criminel l'acte qu'il a commis et objective pour le criminel ce qui n'était que projet, intention, violence voulue et reportée sur l'autre. La prise en compte du crime comme violation du droit permet également de minorer la détermination subjective du crime et la tendance à rendre la justice sur le mode même selon lequel le crime a été accompli. Or, dès cette première mise en œuvre de la justice punitive – sur le mode négatif de la justice immédiatement vengeresse – Hegel fait valoir l'élément rationnel et objectif qui doit la commander : la justice doit si peu se calquer sur le crime qu'elle prend appui sur l'élément rationnel chez le criminel même (être-pensant, libre) pour véritablement le sanctionner. C'est aussi la raison pour laquelle Hegel rejette la fonction d'intimidation de la peine (et s'oppose sur ce point à Anselm Feuerbach) car elle doit s'adresser à un coupable qu'il faut responsabiliser ; or l'intimidation fonctionne à un niveau quasi infra-conscient, s'adresse davantage à l'homme-physique et demande une réponse plutôt de l'ordre du réflexe de survie que de la réflexion. La punition est juste et rationnelle dans la mesure où elle est le prolongement de la volonté même du criminel, et là encore on doit dire que ce n'est pas parce que le criminel adhère à la sanction qu'elle est juste mais c'est parce qu'elle est rationnelle que le criminel y aspire librement. La punition étant justifiée dans son principe, le problème qui se pose est celui de la détermination des sanctions. Le propre de la vengeance est de penser la sanction à partir du crime, non seulement dans son contenu mais aussi dans sa forme, dès lors qu'elle vise dans le criminel la personne (ce qui le rendait coupable dans la violation du droit) et qu'elle implique une contrainte. Il faut en effet distinguer l'application du principe d'égalité terme à terme, la punition comme identique au crime (loi du talion) de l'égalité de valeur, qui suppose un autre type de correspondance et de gradation entre délit ou crime et sanction En réalité, l'approximation indéfinie qui résulte de cette recherche n'est pas comme telle, dans la forme nécessaire de la finité, dépassable, et la justice ne peut, dans cet élément qui est le sien, produire l'identité qui résulterait d'une détermination absolue de la peine. Aussi la justice vengeresse transforme-t-elle la punition en infraction, car le crime doit être poursuivi comme crime public et non comme crime privé. La punition permet au criminel de ne pas sortir du processus par lequel le devenir (historique, individuel, social) a vocation à rendre effective la liberté, liberté qui vient du fait que la punition n'est pas étrangère à la volonté du criminel. La justice fait émerger l'élément rationnel de l'action et la donne à reconnaître (et à vivre) à l'être-social auquel elle s'adresse, en conséquence l'égalisation de l'inégal ne se produit dans la société que si elle se produit en même temps dans l'individu, c'est-à-dire si n'est pas maintenue l'extériorité de l'individu et du tout dans la sanction. De fait, dans le deuxième moment de l'esprit objectif, la moralité, le principe déterminant n'est plus la personne mais le sujet en tant qu'il se rapporte à une action, « ce qu'est le sujet, c'est la série de ses actions ». Le Bien est la vérité de la volonté (la fin de la volonté particulière et universelle, objet de la raison, non simplement de la conscience) et il n'est « que dans la pensée et par la pensée », ce qui est une manière de rejeter toute valorisation d'un sentiment spontané du bien et du mal, du juste et de l'injuste, ou l'idée que le bien serait indépendant de la connaissance. En effet, la prééminence des mobiles sensibles dans l'analyse du crime conduit à considérer l'homme-criminel en dehors du savoir, c'est-à-dire comme un « être de l'instant abstrait » : d'où l'importance, chez Hegel et au-delà, de la prise en compte de l'historicité de l'homme comme détermination sérieuse de sa nature universelle, au fond, négliger la responsabilité d'un homme, et son « caracactère-punissable », revient à le regarder avec le plus grand mépris. Cette partie de la moralité comporte ainsi des aspects éminemment positifs, y compris lorsqu'il est question de la conception kantienne de la morale (c'est là une évolution assez notoire des Principes par rapport aux textes de Iena), seulement il faut que cette morale de l'intention, formelle, le Bien comme idéalité, se reconnaissent dans le réel, se trouvent existants dans le monde (le Bien est le fruit de la pensée seule mais son effectuation n'a pas attendu sa théorisation intellectuelle consciente qui, dans tous les sens du terme, vient après).

ÉVOLUTION DE LA JUSTICE AU SEIN DE LA VIE ÉTHIQUE

La constitution comme justice existante

Il est clair que la manière dont Hegel aborde la question de la justice dans sa philosophie du droit diffère nettement de l'approche réputée plus narrative (incarnée, configurée) de la *Phénoménologie de l'esprit*. La relation importante que Hegel noue entre la justice, le tragique et le destin passe à l'arrière-plan dans les textes systématiques berlinois – à l'exception du paragraphe 166 des *Principes de la philosophie du droit* qui fait une courte référence à Antigone à propos de la famille – alors qu'elle semble incontournable dans la description du premier moment de l'esprit, « L'esprit vrai, le souci des bonnes mœurs et de la coutume » de la *Phénoménologie de l'esprit* mais aussi dans l'article sur le droit naturel et plus tard dans les *Leçons sur la philosophie de la religion* ou la philosophie de l'histoire. Ces développements donnent une vision du rôle moteur et stabilisateur de la justice de manière plus tendue et dialectique, la dialectique elle-même ayant pris le visage du tragique dans les premières esquisses du spéculatif. Le destin, pour un individu, c'est la représentation de lui-même sous la forme de l'étrangeté et de l'adversité, cet écart à soi, propre à l'existence finie, qui appelle en même temps une démarche d'arrachement vis-à-vis de cette finitude ; le fini cherche, quitte à payer pour cela un prix exorbitant, à contourner la finitude dans l'illusion que telle entreprise pourrait lui permettre d'égaler l'infini. Cette démarche est patente dans la simple capacité d'agir de l'homme, et c'est pourquoi l'action mauvaise est plus riche de sens que le repli dans le trivial ou l'innocence stupide du sensible. Acquiescer malgré tout à cette finitude, en saisir la négativité, accepter la vie comme devenir (ce qui implique la conscience de mort, il n'y a pas de liberté chez Hegel sans acceptation totale de la mort) et voir dans ce passage l'expression d'un devenir qui le dépasse (l'histoire du monde comme tribunal du monde) conduit au seul véritable accord avec soi-même dont un individu soit capable. Car le dépassement de soi que manifeste le fini révèle en même temps le mouvement inverse par lequel l'infini se produit dans l'existence concrète, par exemple comme esprit d'un peuple, qui peut être amené à incarner l'esprit du monde à un moment donné, mais à un moment seulement, car lui-même sera détruit et conservé. Comment la justice intervient-elle dans cette épreuve et comment l'homme peut-il faire valoir ses droits ?

L'« Esprit vrai » associe justement la loi humaine, qui correspond à l'effectivité consciente d'elle-même, loi du peuple, « la certitude de soi-même dans l'individu en général », à la loi divine, universalité effective, la substance éthique en son existence simple et immédiate. Cet affrontement a d'abord pour cadre la famille (premier moment de la vie éthique dans la philosophie du droit), c'est-à-dire non le citoyen mais le membre de la famille, l'individu singulier en tant qu'il agit et est lié à cette substance éthique par son action, s'en libère non par le service rendu à la communauté, l'œuvre (dont la valeur et l'existence restent finies) ou une action compensatrice ou de dédouanement :

cette action qui vise l'individu en sa totale singularité c'est la mort ou le passage « de l'inquiétude de la vie contingente au repos de l'universalité simple ». La famille agit pour soustraire le mort à la dévoration indigne du corps, lui donne une sépulture, accomplit la loi divine comme « l'action éthique positive à l'égard de l'individu singulier ». La communauté s'individualise sous la forme du gouvernement qui maintient dans les individus la conscience du tout (contre la tentation d'accentuer la puissance propre que constitue la citadelle de la personne, du pour soi) en accaparant la mort, instrument de maintien de la communauté sous sa forme substantielle. Ainsi se constitue la substance éthique (*Sittlichkeit*) en tant qu'elle fait exister ce que la raison ne faisait que savoir, l'*ethos* comme acte. Il s'agit de la première forme d'équilibre éthique dans laquelle l'individu n'a pas besoin de sortir du tout pour trouver sa satisfaction, ni de sacrifier cette satisfaction en faveur du pouvoir d'État puisqu'il la trouve particulièrement dans le tout lui-même : « Certes, cet équilibre ne peut être vivant que par le surgissement en lui de l'inégalité [*Ungleichheit*] et l'intervention de la Justice [*Gerechtigkeit*] qui ramène celle-ci à l'égalité [*Gleichheit*]. Mais la justice n'est ni une essence étrangère qui se trouverait dans un au-delà, ni l'effectivité, indigne de cette essence, de méchancetés, de trahisons, d'ingratitudes mutuelles, etc., que le tribunal mettrait en œuvre sur le mode de la contingence sans pensée, en agissant comme une corrélation non comprise et par action et omission inconscientes ; au contraire, en tant que Justice du droit humain, qui ramène dans l'universel l'être pour soi sorti de l'équilibre, l'autonomie des différents ordres sociaux et des individus, elle est bien plutôt le gouvernement du peuple, qui est l'individualité présente à soi de l'essence universelle et la volonté propre et consciente de soi de tous ». Cette égalisation de l'inégal ne se produit pas seulement positivement dans la relation entre l'individu et la substance mais aussi sous la forme de l'injustice subie qui ne devient « quelque chose qui est » que du point de vue de la nature, non de celui de la communauté : l'égalisation résulte de la transformation de l'être (l'acte injuste) en acte ou en résultat d'un vouloir dans lequel ce n'est pas l'individu-naturel qui revendique son existence propre (atteinte par l'injustice) mais la conscience concrète qui efface le mal, qui obtient un dédommagement sans reste (alors que l'être-naturel se trouve, sans cette régulation, toujours en partie lésé). Cet équilibre va être perturbé par l'acte qui brise la tranquille subsistance de cette totalité éthique, qui aboutit au conflit entre le devoir et l'effectivité, l'opposition du droit et du non-droit qui se fixe alternativement sur la loi humaine et la loi divine faisant de l'une ce qui doit être et de l'autre l'outrage (la désobéissance), la faute en tant que position consciente d'une opposition, d'une extériorité (faire un acte en tant qu'il est opposé à la loi). Par là en même temps l'acte relie les opposés, porte l'obscur à la lumière, le non-être à l'être, il prend sur lui la douleur du devenir : c'est Œdipe accomplissant le crime dans l'inconscience de l'effectivité qui se tient face à sa conscience, et Antigone dont la « conscience éthique est plus complète, sa faute est plus pure lorsqu'elle connaît à l'avance la loi et la puissance à laquelle elle vient faire face, lorsqu'elle la tient pour une force de violence et d'injustice, pour une contingence éthique et, comme Antigone, commet sciemment le crime. (…) La conscience éthique doit reconnaître son opposé en vertu de cette effectivité et en vertu de sa propre activité, elle doit, comme étant la sienne, reconnaître sa faute ; c'est parce que nous souffrons que nous reconnaissons avoir failli. Cette reconnaissance exprime le clivage aboli de la fin éthique et de l'effectivité, elle exprime le retour à la mentalité éthique qui sait que rien ne vaut sinon ce qui est juste et droit [*das Rechte*] ». Le droit se redétermine depuis l'acte, mais sous la forme de la mentalité, c'est-à-dire comme son *pathos* (singulier) ou caractère, qui fait face à l'autre puissance, les deux forces sont ainsi à la fois opposées (universalité/effectivité) et analogue (chacune a un aspect conscient et un aspect inconscient), et c'est cette inégalité qui crée le conflit, le devenir, le destin. Ne pas vouloir rendre le droit effectif revient à contredire le concept même du droit et l'extrême violation du droit est plutôt de ne pas le considérer dans sa capacité à devenir effectif ; c'est pourquoi la tragédie, le destin ont un sens profondément éthique, et dialectique, la douleur qui résulte de la différence (de l'inégalité) entre la réalité et le droit (son droit) est plus juste que la désespérance et le refus de l'action : en ce sens l'injustice ne contredit pas la justice, elle marque au contraire les oscillations de sa propre égalisation, car « la justice ne s'élève que contre le caractère exclusif ».

Le mouvement de détermination réciproque de l'individuel et du substantiel est repris conceptuellement dans les *Principes de la philosophie du droit*, la vie éthique (*Sittlichkeit*), subdivisée en trois sections, la famille, la société civile (*die bürgerliche Gesellschaft*) et l'État. Le monde objectif effectif n'est plus étranger au sujet, celui-ci y voit aussi son propre intérêt et ce dont il peut tirer une satisfaction. La vie éthique affirme l'absolue réciprocité du droit et de l'obligation et présente à l'individu l'obligation comme sa véritable libération, telle est encore la fonction du travail dans le système des besoins, dont le sujet tire une satisfaction relative, égoïste qui en même temps a un rejaillissement positif et constructif sur le tout qui garantit par ailleurs les conditions de ce bien-être : cette subsistance par l'activité écono-mique devient protection en et pour soi, sauvegarde effective dans l'administration du droit ou de la justice (*Rechtspflege*) puis dans la police et la corporation (deuxième et troisième subdivision de la société civile). La justice a pour mission de préserver le droit de propriété dont la forme empirique (dans le système des besoins) est désormais niée, médiatisée et reconnue dans la forme de la loi. Le passage consacré à l'administration de la justice commence d'ailleurs par une remarque étonnante sur l'universel en tant qu'il résulte de la relativité du moment précédent : envisager l'homme de manière non-relative suppose de le déterminer non pas immédiatement comme question de l'homme en général, forcément abstraite (reproche que Hegel adresse entre autres à Rousseau), mais à partir de son existence concrète, dans une activité, une vie familiale, des intéractions écono-miques et sociales : « Il appartient à la culture, à l'acte-de-penser en tant que conscience en forme d'universalité de l'individu-singulier, que *Je* sois conçu comme personne universelle, ce en quoi tous sont identiques. L'homme vaut parce qu'il est homme, non parce qu'il est juif, catholique, protestant, allemand, italien, etc. Cette conscience pour laquelle c'est la pensée qui vaut est d'une importance infinie, – elle n'est déficiente que lorsqu'elle se bloque en une opposition à la vie concrète de l'État, par exemple en tant que cosmopolitisme ». Il s'agit pour Hegel, qui pose de nouveau le problème du contenu de la loi en tant qu'il est déterminé par l'entendement et marqué par la mauvaise infinité, d'instaurer le droit positif en évitant certains écueils, le « gouvernement des juges », tel qu'il sera encore stigmatisé dans le dernier texte de Hegel sur le *Reform Bill* (Hegel reproche au droit privé anglais des fluctuations incessantes qui ramènent l'application de la loi à des décisions conjoncturelles, le juge devenant de fait législateur) ou l'approximation sans fin qui doit être levée en admettant que la rationalité de l'application de la loi au particulier autorise bien une part d'approximation, mais une approximation rationalisée, qui ne sort pas de la nécessité à laquelle participe le pouvoir judiciaire. L'objectivation de l'applicabilité du droit est renforcée par le fait, largement valorisé par Hegel, de rendre les lois compréhensibles et accessibles à tous dans une langue commune et dans un code. Le tribunal détruit la contingence du premier moment et fait apparaître la notion de droit individualisé et démontré, l'être-là du droit est modifié en ce que la décision est prise dans l'intérêt du droit, le droit devient la norme de lui-même, – et ce n'est plus la victime ou le criminel, ou la personne du juge (comme personne privée) mais l'universel qui se vise et se réalise lui-même à travers la particularité, c'est le passage de la sanction vengeresse à la justice punitive : « Cette connaissance et cette effectuation du droit dans le cas particulier, dépourvue du sentiment subjectif de l'intérêt particulier, incombe à une puissance publique, le tribunal ». Cette intrication de l'individu et du tout est accentuée dans la dernière subdivision de la société civile, la police et la corporation qui intervient de manière plus concrète et particularisée auprès des citoyens, Hegel explique ainsi qu'elles jouent en quelque sorte auprès de ceux-ci le rôle que la famille ne joue plus, la protection et l'assistance ainsi garanties n'ayant pas pour effet de favoriser l'assistanat : Hegel est bien conscient de la dureté des inégalités sociales et son approche des questions économiques est d'une lucidité qui a frappé nombre de commentateurs, cependant il « apparaît clairement que, malgré l'excès de fortune, la société civile n'est pas assez fortunée, c'est-à-dire qu'elle ne possède pas suffisamment, en la richesse qu'elle a en propre, pour remédier à l'excès de pauvreté et à l'engendrement de la populace ».

Plus précisément, Hegel met en avant une double fonction du juge : la première consiste en une analyse et une connaissance attentive du cas examiné (détermination de l'infraction ou de la violation du contrat en droit civil, reconnaissance de l'acte criminel en droit pénal), et Hegel remarque qu'elle peut parfaitement être prise en charge par des particuliers, qui ne sont pas des juristes ou des spécialistes du droit, la seconde en la subsomption du cas particulier sous la loi, la première tâche apparaissant comme la condition de la seconde (établissement du fait qui permet de le qualifier juridiquement, puis de rétablir le droit). La seconde tâche peut être réservée à la classe des juges mais Hegel souligne que cette compétence professionnelle ne doit pas s'exercer comme « un destin extérieur », la justice ne saurait être assimilée à un acte technique dans lequel la réflexion subjective du juge serait gommée. Il accorde par ailleurs une fonction essentielle à ce qu'il appelle les états (*Stände*), c'est-à-dire le parlement, et là encore Hegel met en avant la nécessité d'une communication des débats en direction du peuple, de la même manière, il valorise les jurys populaires pour atténuer l'extériorité entre l'instance qui juge et l'instance jugée. Ainsi, dans l'État, sont désormais parfaitement réconciliés le droit et l'obligation, le contrôle et l'indépendance, « mon obligation envers le substantiel est en même temps l'être-là de ma liberté particulière ». Cet organisme substantiel repose principalement sur sa constitution, la force de l'État excluant toute atomisation de ses éléments vitaux, leur existence indépendante, à la fois déliés les uns des autres et de la totalité politique dans laquelle ils ont à vivre et à évoluer. L'État doit à la fois défendre les individus et assurer au mieux leur bien-être, pour autant, et c'est un des aspects de la critique hégélienne du libéralisme, cette défense n'est pas immédiate (l'État protège l'individu, mais il le fait surtout par de multiples intermédiaires, la société étant structurée en différents groupes) et l'État n'est pas un instrument technique aux mains des intérêts particuliers de la société civile. La constitution est ainsi appropriée au peuple en un sens quasi-physiologique, elle fait de la justice un critère de la vie éthique sans extériorité. Sa définition développée récapitule l'intégralité des fonctions du droit telles qu'elles apparaissent successivement dans les *Principes* : « La constitution est cette articulation de la puissance étatique. Elle contient les déterminations suivant lesquelles la volonté rationnelle, pour autant qu'elle est, dans les individus, seulement en soi la volonté universelle, pour une part peut accéder à la conscience et à l'intelligence d'elle-même et être trouvée, pour une autre part peut être, moyennant l'activité efficiente du gouvernement et de ses branches particulières, posée dans l'effectivité et y être conservée, et peut être protégée aussi bien contre leur subjectivité contingente que contre celle des [individus] singuliers. Elle est la justice existante, en tant que l'effectivité de la liberté dans le développement de toutes ses déterminations rationnelles ». Elle n'est pas simplement un code abstrait, une obligation formelle extérieurs à la vitalité politique, elle manifeste au contraire l'immixtion totale et indiscernable de la raison dans l'histoire d'un peuple, de l'organisation logique dans la réalité vivante des hommes. Un État rationnel est à la fois totalement expressif de l'universel (l'esprit en sa totale liberté) et totalement « de son temps » (et de son peuple). La justice apparaît finalement comme cet être-là même de l'objectivité rassemblée de l'État et de l'individu, dans laquelle est protégé ce qui doit être, la rationalité vivante comme liberté.

Le droit absolu et le tribunal du monde

Dans l'histoire du monde comme droit absolu, « *Weltgeschichte ist Weltgericht* », est enfin supprimée l'inégalité qui nourrissait les déchirements du destin, désormais, sous la forme du plein retour à soi (la forme même de l'absolu, l'esprit pour l'esprit) l'histoire du monde « n'est pas le simple tribunal de la puissance de l'esprit, c'est-à-dire la nécessité abstraite et dépourvue de raison d'un destin aveugle [;] au contraire, parce que l'esprit est en soi et pour soi raison, et parce que l'être pour soi de celle-ci est, en l'esprit, savoir, elle est le développement, nécessaire de par le seul concept de la liberté de l'esprit, des moments de la raison et, en cela, de la conscience de soi et de la liberté de l'esprit, – elle est le commentaire et l'effectuation de l'esprit universel ». Ce droit absolu est la justice parfaite, en laquelle il n'est plus question de juger depuis tel point de vue, puisque l'absolu est la suppression (et la conservation) de tous les points de vue, de tous les critères par lesquels le réel peut être déterminé, la norme de la norme n'est en réalité aucune norme, et l'idée de critère indique elle-même assez le résidu d'extériorité qui est requis pour voir ce qu'on doit qualifier : depuis l'absolu il n'y a plus de point de vue d'où partir ou auquel arriver. L'histoire du monde est le tribunal du monde, c'est-à-dire un tribunal qui n'est pas une partie de la réalité déployée face à une autre qui y viendrait ou y serait convoquée. Il n'y a bien de vérité historique qu'au-delà du travail de l'historien, tout vient de l'extérieur et tout procède de la raison, et la justice mondiale n'est pas primordialement et dernièrement l'affaire des juges, mais celle de la rationalité de l'histoire elle-même (où s'épanouit l'optimisme hégélien), une vérité philosophique de l'histoire, car « l'esprit pensant de l'histoire du monde, en tant qu'il s'est en même temps dépouillé, en les rabotant, de ces déterminations bornées – dont il a été question – des esprits-des-peuples particuliers et de sa propre réalité mondaine, saisit son universalité concrète et s'élève au savoir de l'esprit absolu comme de la vérité éternellement effective dans laquelle la raison qui sait est libre pour elle-même, et dans laquelle la nécessité, la nature et l'histoire ne sont que pour servir la révélation de cet esprit, et des vases d'honneur à sa gloire ». Égaliser selon la raison, la vertu propre de la justice, produire l'équilibre médiat du particulier et du tout, son rôle éminemment social et politique, n'est pas encore identifier : la justice fait vivre la loi et manifeste par là la vérité de l'existence politique de l'homme comme existence libre, mais elle n'est plus exactement la justice lorsqu'elle devient absolue car elle porte en elle la tâche d'un avoir-à-être, d'une inégalité dans l'égalité que l'absolu dissout. Le droit spéculativement conçu – la question des conditions de recevabilité d'une telle appréhension est un autre problème – suppose que la réalisation temporelle, historique, humaine de la liberté ne coïncide avec son concept qu'en tant qu'elle ne l'est pas : la justice absolue n'a pas en ce sens à attendre le jour de sa consécration puisque, en se manifestant ponctuellement, quotidiennement, relativement, elle rappelle que ce jour est déjà venu.

Isabel WEISS

QUAND LA PUISSANCE FAIT PREUVE D'ESPRIT

Origine et logique de la justice selon Nietzsche

Il ne faut pas approuver – car cela induit en erreur – l'usage de représenter la justice avec une balance à la main : le symbole correct consisterait à placer la justice debout sur une balance, de telle sorte qu'elle *maintienne* les deux plateaux en *équilibre* [1].

Y a-t-il encore place pour l'idée de justice dans un questionnement qui interprète la vie comme un processus d'intensification de la puissance, et la caractérise en conséquence comme étant foncièrement inégalité, expansion, injustice ? Le texte posthume placé en exergue, qui synthétise les enjeux du problème de la justice aux yeux de Nietzsche, ne conteste-t-il pas, en en contestant explicitement la représentation usuelle, jusqu'à la légitimité tout entière de la notion ? L'interprétation de la réalité comme volonté de puissance, que Nietzsche s'efforce d'établir minutieusement, est rappelée avec ses

---

1. *Fragments Posthumes XII*, 5 [82]. Les textes de Nietzsche sont cités d'après la version française de l'édition Colli-Montinari : Friedrich Nietzsche, *Œuvres philosophiques complètes*, Paris, Gallimard, 1968-1997, à l'exception des textes suivants : *Ainsi parlait Zarathoustra*, pour lequel nous utiliserons la traduction de G.-A. Goldschmidt, Paris, Livre de poche, 1972 ; *Le gai savoir*, *Par-delà bien et mal*, *Éléments pour la généalogie de la morale*, et *Crépuscule des idoles*, que nous citons dans notre propre traduction (respectivement, Paris, GF-Flammarion, 1997 ; Paris, GF-Flammarion, 2000 ; Paris, Livre de poche, 2000 ; Paris, GF-Flammarion, 2005). Les *Fragments posthumes* sont désignés par l'abréviation *FP*, suivie soit du numéro du tome dans l'édition Gallimard (de IX à XIV) s'il s'agit de volumes constitués exclusivement de posthumes, soit dans le cas contraire du titre de l'œuvre qu'ils accompagnent.

conséquences dans de nombreux textes qui pourraient nourrir ce sentiment; parmi les plus nets figurent notamment le § 259 de *Par-delà bien et mal*, ou encore le § 11 du second traité de *La généalogie de la morale* : « Parler de juste et d'injuste *en soi* est totalement dénué de sens, *en soi*, blesser, exercer des violences, exploiter, anéantir ne peuvent naturellement constituer quoi que ce soit d'"injuste", en ce que la vie opère *essentiellement*, à savoir dans ses fonctions fonda-mentales en blessant, en exerçant des violences, en exploitant, en anéantissant, et ne peut absolument pas être pensée sans ce caractère » [1].

Par-delà bien et mal précisait déjà ce point dans les termes suivants : « Il faut ici penser radicalement jusqu'au fond des choses et se défendre de toute faiblesse sentimentale : la vie-même est *essen-tiellement* appropriation, atteinte, conquête de ce qui est étranger et plus faible, oppression, dureté, imposition de ses formes propres, incorporation et à tout le moins, dans les cas les plus tempérés, exploitation, – mais pourquoi toujours employer ces mots, empreints depuis des temps immémoriaux d'une intention de calomnier ? Tout corps à l'intérieur duquel, comme nous l'avons admis précédemment, les individus se traitent en égaux – ce qui se produit dans toute aristo-cratie saine –, doit lui-même aussi, s'il est un corps vivant et non pas moribond, faire à tous les autres corps ce dont les individus qui le composent s'abstiennent mutuellement : il devra être la volonté de puissance incarnée, il voudra croître, s'emparer de ce qui l'entoure, l'attirer à lui, gagner en prépondérance, – non pas du fait de quelque moralité ou immoralité que ce soit, mais au contraire parce qu'il *vit*, et parce que la vie *est* justement volonté de puissance » [2].

Ce type de déclaration pourrait donc laisser penser que la notion de justice n'est qu'une chimère inconsistante, une interprétation à quoi ne correspond rien dans la réalité, bref, un de ces concepts qui relèvent de la mauvaise philologie des philosophes, comme le sont pour Nietzsche les concepts d'être, d'essence ou encore de volonté entendue comme faculté. Et de fait nombre de lectures sont tentées, de manière plus ou moins franche, d'interpréter la position nietzs-

---

1. *La généalogie de la morale* II, § 11.
2. *Par-delà bien et mal*, § 259.

chéenne en un sens très naturaliste, et par conséquent assez proche de celle de Calliclès dans le *Gorgias* : « il est évident selon moi que la justice consiste en ce que le meilleur ait plus que le moins bon, et le plus fort plus que le moins fort. Partout il en est ainsi, c'est ce que la nature enseigne […] Si le plus fort domine le moins fort et qu'il est supérieur à lui, c'est là le signe que c'est juste » [1]. La justice humaine, celle qui s'exprime à travers la promulgation des lois, serait-elle pour Nietzsche aussi une simple astuce efficace permettant à la foule de dominer les forts, les puissants par nature ? Toute légitimité serait-elle du côté de la nature, et la justice simple convention hors-nature ?

L'examen des textes et du détail de la réflexion nietzschéenne montre qu'il n'en est rien ; bien plus – et là se rencontre à coup sûr l'une des surprises que réserve souvent le corpus de Nietzsche – la notion de justice est bien légitimée et présente en un sens positif dans son enquête, et même présente en un double sens : un sens juridique, ainsi qu'un sens psychologique – lequel va du reste bien au-delà de son assimilation à l'absence de préjugés, ou à la capacité d'aller contre ses penchants personnels et ses préférences subjectives dans l'examen des hommes et des choses [2].

De cette constatation découle certes une série de problèmes : comment justifier tout d'abord la justice « juridique », qui semble difficile à préserver dans un contexte où la réalité est pensée comme logique d'intensification de la puissance ? Comment concilier en outre ces deux sens de la notion de justice au sein de la réflexion de Nietzsche ? Une remarque est nécessaire à ce propos : ce second problème peut paraître secondaire en première approche, et ne concerner qu'une question de cohérence interne, intéressant plus l'équilibre éventuel de la pensée nietzschéenne que l'enquête sur la pertinence de la notion de justice – il nous faudra montrer qu'au contraire, c'est la profonde unité de ces deux sens apparemment disjoints qui révèle le statut véritable de la justice.

À titre de préalable, il convient d'attirer l'attention d'emblée sur une seconde distinction relative au premier sens de la notion de justice, le sens juridique strict : il faut distinguer par souci de clarté

---

1. *Gorgias*, 483c-d, trad. fr. M. Canto-Sperber, Paris, GF-Flammarion, 1987.
2. Voir notamment le § 636 du premier tome d'*Humain, trop humain* pour ce premier niveau de compréhension de la justice dans la perspective psychologique.

(même si la logique mise en œuvre est en fin de compte équivalente) le cas de l'individu au sein d'une communauté : la justice comme régulation des rapports intra-communautaires, et le cas du conflit entre communautés considérées globalement : la justice comme régulation intercommunautaire cette fois. Le premier cas est étudié en détail par *La généalogie de la morale*, notamment dans ses paragraphes 8 à 11, le second est privilégié par les textes de *Humain, trop humain* I et II[1]. On trouve donc dans la pensée nietzschéenne une situation complexe et paradoxale : on y voit se côtoyer en effet *à la fois une défense et une critique de l'idée de justice*. Il convient donc d'essayer de délimiter ces deux champs.

On constate aisément que ce que Nietzsche conteste, ce n'est pas la justice comme telle, ni la pertinence de la notion, mais une certaine interprétation de celle-ci, devenue dominante dans la culture européenne contemporaine : la compréhension de la justice comme un en soi, une essence (point que met particulièrement en relief le second traité de *La généalogie de la morale*, on l'a vu) – voire comme l'expression du monde vrai et de la légalité qui le régit. Bref, la justice identifiée à un ordre transcendant, renvoyant par exemple à la sagesse divine ; c'est bien en ce sens que le rationalisme métaphysique a généralement pensé la justice ; en témoignerait notamment l'exemple de Leibniz qui en donne la définition suivante : « la justice, prise fort généralement, n'est autre chose que la bonté conforme à la sagesse »[2]. La justice se trouve ainsi ramenée à l'ordre qu'impliquent les perfections divines, d'où son identification à la charité dans certains autres textes[3]. Mais il existe en outre une version sécularisée de cette manière de penser, particulièrement vigoureuse à l'époque contemporaine, dans laquelle la référence à Dieu ou à la transcendance est remplacée par l'idée d'égalité universelle : la justice comme égalité de tous, comme égalité de droits pour tous ; mais la proximité de ces deux variantes se traduit dans le fait qu'elles condamnent toutes deux le monde sensible dans son état présent comme inapte à réaliser effecti-

---

1. Particulièrement « Le voyageur et son ombre » dans le second tome.
2. *Principes de la nature et de la grâce*, § 9. Nietzsche dirait plutôt, nous le verrons, « sagesse conforme à la puissance ».
3. Voir par exemple cet inédit publié par G. Grua : « LA JUSTICE *est la charité conforme à la sagesse* » (Leibniz, *Textes inédits*, Paris, PUF, 1948, t. 2, p. 583).

vement cette justice, donc comme étant foncièrement injuste et devant être corrigé.

Contre cette tendance dont il montrera l'illégitimité et les dangers, refusant de penser ce monde-ci, notre ici-bas, comme injuste, refusant de renvoyer le juste au divin au supra-sensible ou à l'idéal (l'égalité de tous), Nietzsche entend au contraire rendre son innocence au devenir : penser le sens véritable de la justice sera simultanément défendre la réalité contre ces accusations[1]. Pour cela, il faudra en particulier mettre en évidence les tendances pulsionnelles gouvernant ceux qui défendent cette interprétation de la justice (c'est-à-dire les pulsions qui s'expriment dans le christianisme, ou encore dans ce que Nietzsche appelle « le socialisme »). Ceci conduira à conclure que le sens de justice est fondamentalement psychologique : c'est dans le champ des rapports entre pulsions que la notion trouve d'abord sa pertinence, et la valeur juridique n'en est que le développement au niveau des rapports macroscopiques d'individu à communauté ou de communauté à communauté.

Commençons donc par l'examen du premier sens, celui de la justice humaine en tant qu'elle s'impose aux relations inter-humaines. Pour comprendre ce que désigne la justice, il ne suffit pas d'en contempler l'idée de manière abstraite : les déterminations d'un phénomène sont le plus souvent opaques si on les considère de manière synchronique (« la forme est fluide, mais le "sens" l'est plus encore » comme le souligne *La généalogie de la morale*[2]), et ne se dévoilent dans leur réalité qu'à la faveur d'une enquête diachronique prenant en compte leur constitution. En conformité avec la méthodologie qu'il défend, Nietzsche mène ainsi une véritable *généalogie* de la justice. Sur ce premier point, il convient de rappeler brièvement les deux dimensions de ce que Nietzsche cherche à penser par la généalogie[3] : s'opposant tout d'abord, à la traditionnelle recherche de l'essence, et de manière générale disqualifiant toute idée d'un donné sans origines, la généalogie est d'abord enquête régressive visant à

---

1. Voir par exemple *FP XIV*, 15 [30] sur ce thème.
2. II, § 12.
3. Voir le texte de référence sur ce problème : la Préface de *La généalogie de la morale*, § 6.

identifier les sources productrices d'une valeur, d'une interprétation, ou d'un processus (moral, religieux, philosophique ou autre), c'est-à-dire les pulsions qui lui ont donné naissance. Elle est ensuite enquête sur la valeur des valeurs ainsi détectées – le premier moment n'étant pas le but de l'investigation, mais la condition qui rend possible le second. Rappelons qu'il faut être attentif à ce terme de valeur, qui ne possède pas le même sens dans les deux occurrences de la formule : si la première vise le caractère bénéfique ou nuisible d'une instance, la seconde occurrence en revanche concerne la valeur en tant que préférence fondamentale, sacralisée par une forme particulière de vie (par exemple la sanctification de la vérité, ou du bien, ce qui est le cas dans la culture qui est la nôtre), c'est-à-dire une représentation ou une croyance intériorisée, rendue inconsciente, mais exerçant une fonction régulatrice de la vie humaine – et dessinant de ce fait un type de vie. Ces deux dimensions de l'enquête généalogique se retrouvent bien dans l'exposé mené par Nietzsche, ainsi que nous le verrons.

L'idée fondamentale avec laquelle travaille Nietzsche est donc que la justice est un résultat ; elle est l'aboutissement d'un processus complexe, et en tant que telle possède des origines productrices – des pulsions – qu'il s'agit d'abord d'identifier. C'est pourquoi il est nécessaire de partir de la problématique que développe le second traité de la *Généalogie de la morale* : à savoir l'élucidation des principaux phénomènes moraux, c'est-à-dire, pour être plus précis, des principaux phénomènes que la tradition philosophique considère comme moraux, comme relevant d'une sphère spécifique qui est celle de la morale. Nietzsche entend montrer deux choses de manière générale : il n'y a pas de spécificité, encore moins d'autonomie, de la sphère morale ; en outre, les phénomènes visés par les concepts moraux (dont la justice) sont pourtant bien réels, mais se laissent élucider à partir de la logique de la volonté de puissance, régulant la vie elle-même : la morale n'est pas un au-delà de la vie mais l'une de ses formes.

Dans ces conditions, la pièce centrale sera l'enquête sur le statut du sentiment de faute et du châtiment ; on rencontre donc un premier renversement : d'une certaine manière, ce n'est pas la justice qui est un préalable au châtiment et qui le légitime, c'est bien l'analyse du châtiment qui nous met, inversement, sur la voie de la justice : il est nécessaire, en d'autres termes, de transiter par une réflexion sur les origines du sentiment de faute et le sens du châtiment pour se donner les moyens de comprendre l'apparition progressive de la justice. Cette dernière fait ainsi partie de ces choses « apparentées » à la faute et au châtiment, selon le terme qu'utilise le titre du second traité de *La généalogie de la morale*.

On sait que la logique de l'enquête menée dans le second traité de *La généalogie de la morale* repose sur la présentation d'un modèle d'intelligibilité qui est celui du droit des obligations : un modèle économico-juridique de l'échange, dans lequel la faute est éprouvée originellement comme une dette – Nietzsche s'appuie en particulier sur l'étude du langage et de l'évolution sémantique : le sens fondamental de « faute » (*Schuld*) est bien celui de « dettes » (*Schulden*) ; il apparaît alors que le relation fondamentale des rapports inter-humains est celle de créancier à débiteur, supposant d'une certaine manière le modèle du contrat. Si l'on suit la logique impliquée par ce modèle, le criminel, celui qui commet une faute, est en réalité perçu comme un débiteur, un individu qui se rend coupable d'une dette ; dans ces conditions, le châtiment devient interprétable comme la compensation exigible pour un dommage subi : le processus dans son ensemble relève bien d'un échange en quelque sorte.

De cette analyse découle aux yeux de Nietzsche une série de premières déterminations, à travers lesquelles on voit poindre ce qui est proprement l'idée de justice. Premier élément : la constitution de la justice tient avant tout à la *généralisation* de l'idée de compensation possible, ou à l'élimination de l'idée d'exception : c'est à partir du moment où s'impose l'idée que rien n'est sans prix, que rien n'est sans mesure, ni sans équivalent, qu'aucune perte, si douloureuse qu'elle soit, qu'aucun acte, si grave qu'il soit ne sont absolument irréversibles, c'est à partir de ce moment qu'est posée la condition essentielle de la justice. Celle-ci recouvre donc avant tout l'idée de l'universalité de l'échange au sein d'une communauté donnée : pour toute situation d'atteinte, de dommage, de conflit, il est possible de trouver un arrangement. On ne saurait trop insister sur cette situation qui constitue une véritable condition de possibilité : le début de la justice tient bien à l'universalisation du rapport contractuel, ainsi que l'indique la fin du § 8 du second traité de *La généalogie de la morale* : « tout a son prix » ; en d'autres termes, la création d'un système d'équivalences et de compensations – la régulation des échanges – est le terrain sur lequel va se développer dans certaines conditions un processus original.

Mais ceci n'est pas encore suffisant et la justice n'apparaît vraiment que comme modification du châtiment dans un cas spécifique : *celui où le conflit oppose des adversaires de puissance égale ou très proche.* Ce point, qui constitue la véritable naissance de la justice appelle quelques précisions. Il faut en effet ajouter à ce socle fondamental qu'est la généralisation de la compensation une seconde détermination qui concerne la prééminence de plus en plus affirmée de l'idée du tout : de sorte que le dommage infligé à l'individu en vient à être considéré comme un dommage à l'égard de la communauté dans son ensemble. C'est en cela que la logique du tout se substitue de plus en plus nettement à la logique des parties, des relations « privées » entre membres de la communauté. On pourrait se demander si cette thèse repose sur autre chose que la considération empirique, nécessairement partielle, de l'histoire originaire des communautés humaines. En fait, Nietzsche s'efforce bien de la justifier en identifiant le mécanisme qui l'anime, à savoir l'appréciation des degrés de puissance et de leurs variations. C'est bien parce qu'il y a prise en compte de la puissance d'ensemble de la communauté, qui évalue les risques qu'implique pour elle-même un conflit entre parties que la justice comme arrangement intervient dans les cas où nulle issue nette du conflit n'est probable sur la seule base de l'affrontement direct et de l'exercice des représailles ou de la guerre. Le danger alors est bien celui d'un prolongement indéfini du conflit, voire de son extension, donc d'une multiplication des dommages – et c'est là qu'intervient le risque pour le tout : risque d'affaiblissement généralisé, de dissolution ou d'anarchie, entendue comme destruction du lien organisateur de la communauté. Et c'est là ce qui justifie cette détermination, capitale, que la justice ne peut apparaître qu'entre parties de puissance comparable, soit qu'elles se résignent à composer, soit qu'elles soient contraintes à composer par une autorité supérieure, la communauté à laquelle elles appartiennent – ce qui correspond en fait aux deux cas distingués initialement. C'est du reste le point sur lequel insistait Nietzsche dès ses premières analyses du phénomènes, à l'époque de *Humain, trop humain* :

Origine de la justice. La justice (l'équité) prend naissance entre hommes jouissant d'une *puissance* à peu près *égale*, comme l'a bien vu Thucydide (dans ce terrible dialogue des députés athéniens et méliens); c'est quand il n'y a pas de supériorité nettement reconnaissable, et qu'un conflit ne mènerait qu'à des pertes réciproques et sans résultat, que naît l'idée de s'entendre et de négocier sur les prétentions de chaque partie : le caractère de *troc* est le caractère initial de la justice Chacun donne satisfaction à l'autre en recevant lui-même ce dont il fait plus grand cas que l'autre. On donne à chacun ce qu'il veut avoir et qui sera désormais sien, et l'on reçoit en retour ce que l'on désire. La justice est donc échange et balance une fois posée l'existence d'un rapport de forces à peu près égales : c'est ainsi qu'à l'origine la vengeance ressortit à la sphère de la justice, elle est un échange. De même la reconnaissance. – La justice se ramène naturellement au point de vue d'un instinct de conservation bien entendu, c'est-à-dire à l'égoïsme de cette réflexion : « À quoi bon irais-je me nuire inutilement et peut-être manquer néanmoins mon but ? » – Voilà pour *l'origine* de la justice » [1].

Il est nécessaire de s'arrêter quelques instants sur la référence à Thucydide pour éclairer l'argumentation de Nietzsche : ce dernier évoque le célèbre dialogue entre Athéniens et Méliens à la fin du livre V, au cours de la dixième année de guerre : Mélos entend rester neutre, ce qui ne convient pas aux Athéniens qui craignent que cette situation d'exception, d'indépendance à l'égard de leur empire maritime, ne soit perçue comme un signe de faiblesse de leur part. Au début

---

1. *Humain, trop humain* I, § 92. On comparera ce textes aux analyses du § 22 de la seconde partie d'*Humain, trop humain* II (« Le voyageur et son ombre »): « Principe d'équilibre ». La fin de ce § 92 mérite également d'être prise en considération. Elle indique bien en quoi l'interprétation morale de la justice, et en particulier son assimilation à la sphère du désintéressement constitue une distorsion de lecture qui laisse échapper la logique spécifique du phénomène : « Mais du fait que les hommes, conformément à leurs habitudes intellectuelles, ont *oublié* le but premier des actes dits de justice et d'équité, et notamment que l'on a pendant des siècles dressé les enfants à admirer et imiter ces actes, il s'est peu à peu formé l'illusion qu'une action juste est une action désintéressée ; et c'est sur cette illusion que repose la grande valeur accordée à ces actions, valeur qui, comme toutes les autres, ne fait encore que s'accroître continuellement : car ce que l'on évalue très haut se recherche, s'imite, se multiplie à force de sacrifices, et s'augmente du fait que vient encore s'ajouter à la valeur de la chose tellement appréciée la valeur même de la peine et du zèle que lui voue chaque individu. – Que le monde paraîtrait peu moral sans cette faculté d'oubli ! Un poète pourrait dire que Dieu a posté l'oubli en sentinelle au seuil du temple de la dignité humaine ».

de l'échange, les Méliens s'indignent du déséquilibre qu'imposent d'emblée les négociateurs athéniens, qui ne leur laissent le choix qu'entre la guerre et la servitude. C'est à cette occasion que les Athéniens reviennent sur le statut de la justice : les Athéniens opposent les *dikaia* et les *dunata*, les choses justes et les choses possibles, susceptibles d'advenir. Or, le critère justifiant l'opposition s'opère en termes de comparaison de puissance : la considération des *dikaia* intervient lorsqu'il y a égalité, les *dunata* règlent en revanche les situations où il y a des forts et des faibles (et non des égaux), c'est-à-dire forte disparité de puissance : « car vous le savez comme nous : si le droit intervient dans les appréciations humaines pour inspirer un jugement lorsque les pressions s'équivalent, le possible règle, en revanche, l'action des plus forts et l'acceptation des faibles »[1]. Si l'on en croit le discours rapporté par Thucydide, la revendication de justice des Méliens serait dénuée de pertinence dans le cadre envisagé en raison de la disproportion de puissance entre les adversaires.

Évoquons brièvement la fin de l'épisode, racontée de manière extrêmement laconique par Thucydide, comme s'il voulait souligner la brutalité de la politique athénienne et son accord, terrible, avec l'analyse énoncée précédemment : après une tentative de résistance de la part des habitants de l'île de Mélos, les Athéniens prirent la cité, tuèrent tous les hommes en âge de porter les armes et vendirent les femmes et les enfants comme esclaves.

Le texte de Thucydide est à coup sûr condensé et difficile ; seule nous occupe, dans le cadre du présent propos, l'interprétation que donne Nietzsche de la formule prêtée aux négociateurs athéniens, quoi qu'il en soit de la pertinence effective de sa lecture. La remarque de Thucydide joue en tout cas comme modèle d'intelligibilité, et c'est de fait cette analyse qui explique que Nietzsche condense les implications de la justice dans cette formule, qui revient plusieurs fois sous sa plume et, coupée de sa base argumentative, semblerait ne le céder en rien à la brutalité athénienne : « Aux égaux, égal traitement, aux

---

1. *Histoire de la guerre du Péloponnèse*, l. V, trad. fr. J. de Romilly, Paris, Les Belles Lettres, t. 3, p. 166. Dans ce passage, « le droit » désigne les *dikaia*, les choses justes, et « le possible » les *dunata*.

inégaux, traitement inégal – ainsi parle en nous la justice. Et, ce qui en découle : ne jamais rendre égal ce qui est inégal » [1].

Ces deux premières déterminations n'épuisent pas encore le sens de la justice, et il nous faut à présent aborder un troisième élément : *la dépersonnalisation progressive et la spiritualisation de l'échange*. La contrainte imposée que représente la justice se préoccupe tout particulièrement de lutter contre les effets de l'implication personnelle, subjective. En cela, la justice constitue réellement un effort en direction de l'objectivité. Cette idée d'équivalence devant régler les échanges est, affirme Nietzsche, le début de toute « bonne volonté », de toute « équité », et même de toute « objectivité » [2]. Pourquoi donc cette apparition de l'objectivité, de l'impartialité, que de fait nous attachons communément à l'idée de justice ? Parce que cette imposition de l'obligation de s'entendre en acceptant une compensation a pour but, bien plus que de réparer, de brimer la violence de l'affect de colère, de vengeance, bref de tout ce qui, rassemblé, constitue le ressentiment. Nietzsche rappelle en effet dans le § 4 du second traité de *La généalogie de la morale* qu'au départ, le châtiment, la justice sous sa forme embryonnaire, ou ce dont finira par sortir la justice, est un *mélange* d'affect violent (la colère à l'égard de l'auteur du dommage) et d'idée d'équivalence. Et il insiste tout particulièrement sur le fait que l'idée d'équivalence possible tempère déjà la virulence de la réaction passionnelle. C'est donc bien cette conviction de l'universalité des échanges possibles qui représente le facteur de modération permettant de combattre la tyrannie des pulsions de représailles : elle donne en effet un moyen de combattre l'arbitraire de l'individu [3] : l'une des techniques pour cela consiste en particulier à séparer le criminel de son acte [4], à éviter qu'il ne soit identifié tout entier par la victime au dommage qu'il a causé : cette surpersonnalisation entraînerait une logique de lutte à mort, d'affrontement sans terme (il y a dépersonnalisation du côté de l'auteur du dommage, donc, tout

---

1. *FP XIV*, 15 [118]. Voir aussi à ce sujet *Crépuscule des idoles*, « Incursions d'un inactuel », § 48.
2. *La généalogie de la morale* II, § 8.
3. *La généalogie de la morale* II, § 11, p. 150.
4. *La généalogie de la morale* II, § 10.

comme la limitation de l'explosion affective est une dépersonnalisation de la part de la victime) :

> Partout où s'exerce la justice, où l'on maintient la justice, on voit une
> puissance plus forte qui cherche, eu égard à de plus faibles qui lui sont
> subordonnées (que ce soient des groupes ou des individus), des moyens
> de mettre un terme à la rage absurde du *ressentiment**, en partie en
> arrachant l'objet du *ressentiment** aux mains de la vengeance, en partie
> en substituant à la vengeance le combat contre les ennemis de la paix et
> de l'ordre, en partie en inventant, en proposant, le cas échéant en
> imposant des arrangements, en partie en élevant certains équivalents de
> dommages au rang de norme à laquelle le ressentiment se trouve
> désormais renvoyé une fois pour toutes [1].

Si l'on prend à présent un peu de recul et que l'on considère la
généralisation de ces techniques, on voit que le geste fondamental de
la justice, selon l'analyse qu'en donne Nietzsche, est l'instauration de
la loi et du droit. La justice n'est donc pas pensable comme l'obéissance aux lois, mais apparaît tout au contraire la condition de l'instauration de la loi. En cela, Nietzsche retrouve l'une des problématiques
qui guidait les débats sur la justice dans la pensée antique, pour
s'opposer en particulier à certaines positions, de Platon (dans le *Criton*
notamment, et dans une moindre mesure dans *Les lois* : voir en particulier le livre VI) et d'Aristote (pensons en particulier à l'analyse de la
justice générale dans le livre V de l'*Éthique à Nicomaque*). Mais le
point le plus original, et sans doute le plus important tient à ce que ces
analyses indiquent clairement à quel point Nietzsche se sépare de
Calliclès : la loi n'est pas un besoin des faibles pour brimer la puissance des forts, mais bien, au contraire, un besoin impérieux des forts,
des représentants des plus hauts degrés de puissance pour empêcher
les moins forts de ne porter atteinte à la sécurité et à la puissance du
tout. Le renversement de l'analyse est ici tout à fait spectaculaire.

Résumons les acquis de l'enquête : l'idée capitale consiste à
dépersonnaliser les relations, de manière à atténuer la violence
réactive de la victime du dommage. En ce sens, la justice est bien
imposition d'une mesure au double sens du terme : modération de la
réaction, mais aussi norme, qui sera celle du tout et non plus celle de la

---

1. *La généalogie de la morale* II, § 11.

passion individuelle sous sa forme déchaînée. Et c'est justement en cela que l'on peut parler d'un travail de *spiritualisation* : c'est-à-dire de déplacement de la réaction brute, immédiate, irréfléchie, qui se trouve remplacée par des attitudes de substitution inventives, intelligentes, qui permettent bien aux pulsions de s'exprimer, mais en désamorçant les risques qu'elle faisaient subir à l'ensemble de la communauté auparavant. Grâce à ce déplacement des manifestations pulsionnelles et affectives, cette justice finit donc par atteindre l'inverse de ce que veut la vengeance, ainsi que l'indique en particulier *La généalogie de la morale* II, § 11 :

> Mais le geste le plus décisif que fasse et accomplisse la puissance suprême à l'encontre de la prépondérance des sentiments d'hostilité et de rancœur – elle le fait toujours dès qu'elle est d'une manière ou d'une autre assez forte pour cela – est l'instauration de la *loi*, la proclamation impérative de ce qui a ses yeux, de manière générale, doit être tenu pour permis, juste, interdit, injuste : en traitant, une fois la loi instaurée, les empiétements et les actes arbitraires d'individus ou de groupes entiers comme des forfaits violant la loi, comme une rébellion contre la puissance suprême elle-même, elle détourne le sentiment de ses sujets du dommage immédiat provoqué par ces forfaits et atteint à la longue l'inverse de ce que veut toute vengeance, laquelle ne voit, ne fait valoir que le point de vue de la victime du dommage – : à partir de maintenant, l'œil, même l'œil de la victime du dommage (bien que ce soit en tout dernier lieu, ainsi qu'on l'a noté auparavant), est exercé à estimer l'acte de manière toujours *plus impersonnelle*.

Reste à comprendre une quatrième détermination, virtuellement présente en réalité dans les étapes précédentes : la prééminence de la logique de la puissance. On l'a vu, la considération qui conditionne l'apparition de la justice est celle des risques que certains types de conflits font courir à la communauté (conflits entre puissances équivalentes, susceptibles de s'infliger mutuellement des dommages considérables sans qu'aucun vainqueur ne parvienne cependant à s'imposer ; conflits entre parties au sein d'un tout). C'est donc bien de considérations de puissance qu'il s'agit, et la dépersonnalisation, imposée de plus en plus fortement, est au service de cette logique de la puissance, mais de la puissance selon le point de vue du tout.

Il y a évaluation du rapport de puissance entre les complexes d'instincts mis en présence, et interprétation anticipatrice des conséquences d'un éventuel conflit direct : c'est-à-dire appréciation des dommages potentiels pour l'une et l'autre partie : nous sommes bien dans le strict cadre de l'exercice de la volonté de puissance, en tant qu'activité interprétative.

Mais il résulte de cette évaluation particulière la suspension en quelque sorte de la volonté de maîtriser et de dominer directement l'adversaire, au moyen d'un conflit frontal. Donc la justice n'est en rien désintéressée : il n'y a pas ici de neutralité désintéressée, d'impartialité absolue[1]. Elle n'est pas non plus égalité universelle, mais égalité partielle – entre deux communautés, ou entre deux individus. Donc, la justice consiste fondamentalement à se garder d'une manifestation brute et directe de la force, *non pas par moralité, mais par prudence* : c'est en cela qu'elle manifeste ce que l'on pourrait appeler la sagesse dans la force, ou encore « la raison dans la force », pour reprendre le titre d'un important aphorisme d'*Aurore*. En cela, elle est toujours une manifestation de la puissance, mais une manifestation spiritualisée, sublimée. Rappelons que par « spiritualisation » (*Vergeistigung*), Nietzsche désigne « le mariage avec l'esprit », selon la formule dont use le *Crépuscule des idoles*[2]. Cette notion désigne ainsi un mode de traitement original des pulsions, s'opposant à leur manifestation instantanée, directe et violente – donc aveugle. Dans le cadre qui nous occupe, il est donc nécessaire de parler de spiritualisation dans la mesure où intervient l'intelligence, la raison, ou encore, si l'on veut, la sagesse : on a affaire à une vision prospective, à une anticipation, qui se caractérise par la prise en compte de la *durée*, et qui donc se distingue du tout au tout de l'explosion instantanée de violence, engloutie dans le moment présent, absolument, aveugle aux conséquences : « La justice, comme fonction d'une puissance ayant un vaste horizon, qui dépasse les courtes perspectives de bien et mal, un horizon plus vaste donc, de ce qui est *avantageux* – l'intention de conserver quelque chose qui est plus que cette personne-ci ou celle-là »[3].

---

1. Voir à ce sujet *Humain, trop humain* I, § 92.
2. Voir le chapitre « La morale comme contre-nature », § 1 en particulier.
3. *FP X*, 26 [149].

Mais le point capital est que si la manifestation est déplacée, c'est bien toujours du même processus et de la même logique qu'il s'agit : c'est afin de préserver sa puissance et de se donner même les moyens de l'intensifier (telle est la logique de la volonté de puissance) que chacun des adversaires fait le choix de composer. *La justice apparaît donc en dernière analyse comme une technique spiritualisée d'exercice de la volonté de puissance* – une de ses stratégies les plus subtiles et les plus complexes sans aucun doute. Il importe de nouveau de préciser un point à ce sujet : on pourrait en effet se demander en quoi il y a maintien de l'intensification de la puissance. *La généalogie de la morale* (II, § 11) l'explique de façon détaillée : en ce que *la justice permet la formation de complexes de puissances plus larges*, plus grands – de sorte qu'une nouvelle unité se constitue en quelque sorte à travers l'arrangement mutuel, que s'édifie la possibilité d'une nouvelle alliance ou coalition. Et il faut ajouter que c'est bien ce primat de la logique du sentiment de puissance qui oblige à abandonner l'idée de la justice comme tenant une balance à la main dont elle laisse s'équilibrer les plateaux pour la remplacer par l'image de la justice debout sur une balance *contraignant* les plateaux à s'équilibrer.

Précisons un dernier point à propos de cette idée de spiritualisation : s'agissant des rapports d'individu à individu au sein d'une même communauté, la justice apparaissait comme une forme évoluée de la logique du châtiment, une forme spiritualisée propre à de hauts degrés du sentiment de puissance – ce que condense une formule de l'époque du *Gai savoir* qui souligne bien ce travail de spiritualisation : « le juge est un bourreau sublime » [1]. Nietzsche imagine du reste, par hypothèse, la maximalisation de cette situation : tel serait le cas d'une société connaissant un accroissement de puissance considérable, qui irait de pair avec une intensification du sentiment de sécurité si puissante que la justice consisterait à accorder l'impunité au criminel [2] : car le sentiment de sa propre puissance serait tel qu'elle ne ressentirait plus les dommages susceptibles de lui être infligés comme un vrai danger ; cette forme hautement spiritualisée de la justice serait la *grâce* – l'autosuppression de la justice au sens ordinaire.

1. *FP* du *Gai Savoir*, 11 [100].
2. *La généalogie de la morale* II, § 10.

Les analyses précédentes se sont efforcées de rassembler les déterminations fondamentales de l'idée nietzschéenne de justice. Il serait possible de prolonger cette enquête en repérant ce qui, à titre de conséquence, se trouve exclu en revanche de cette notion. Dans le cadre nécessairement limité de cette étude, nous nous en tiendrons à deux remarques. Ce qui est rejeté, sur la base d'un examen historique en particulier (les débuts de l'histoire humaine, l'étude des premières communautés humaines), c'est d'abord l'idée de *responsabilité* : la justice n'est pas fondamentalement un travail d'identification des responsabilités (Nietzsche critiquant ici Paul Rée en particulier, qui dans son ouvrage *De l'origine des sentiments moraux* cherchait à expliquer le châtiment et le sentiment de la justice à partir de l'idée que le criminel aurait pu agir autrement, donc qu'il est responsable de son acte.) L'erreur est ici historique et surtout psychologique : les distinctions en termes de responsabilité sont des distinctions tardives, très évoluées ; elles ne correspondant pas à la régulation psychologique la plus originaire de la vie humaine, qui porte avant tout sur l'évaluation des disparités de puissance.

La seconde remarque permettra de revenir sur l'une des orientations critiques annoncées au début de ce travail : si Nietzsche, en effet, chercher à montrer que la justice constitue, dans sa réalité, un échange de puissance visant à conserver pour une certaine durée une situation d'équilibre, il se donne les moyens d'établir du même coup qu'elle ne recouvre pas une essence universelle : elle est toujours limitée par les conditions de l'équilibre de puissance, ainsi que l'explique notamment le § 26 du *Voyageur et son ombre*, intitulé « *Les conditions de droit sont des moyens* » : « Le droit, reposant sur des contrats entre *égaux*, dure autant que la puissance des contractants est égale ou comparable ; c'est la prudence qui a créé le droit, pour mettre un terme à la lutte et au gaspillage *inutile* entre forces comparables. Or, c'est un terme *tout aussi définitif* qui y est mis si l'une des parties est devenue *plus faible* que l'autre : la soumission intervient alors et le droit *cesse*, mais le résultat est le même que celui qui s'obtenait jusqu'alors par le droit. Car maintenant c'est la *sagesse* du dominateur qui lui conseille de *ménager* la force du vaincu et de ne pas la gaspiller sans profit ; et souvent, la situation du vaincu est plus favorable que ne

l'était celle de l'égal. – Les conditions de droit sont donc des *moyens*
provisoires que conseille la prudence, non pas des fins en soi ».

À ce point, il est nécessaire de revenir quelque peu en arrière : on
peut en effet avoir le sentiment que Nietzsche introduit de manière très
arbitraire le modèle d'intelligibilité que constitue le droit des obligations ; or, il présente en réalité un travail de justification approfondi :
ce dernier repose sur la théorie de la mesure présentée dans le § 8 du
second traité de *La généalogie de la morale*. Il est crucial de noter
qu'aussi bien dans *Le voyageur et son ombre* (§ 21) que *La généalogie
de la morale*, Nietzsche rappelle la théorie de l'homme comme être
qui mesure *juste avant de passer à l'analyse de la justice* : l'homme est
un animal qui mesure, qui établit des équivalences – fondamentalement, l'homme est une organisation d'instincts, chaque instinct est une
manifestation particulière de volonté de puissance ; ce que l'homme
mesure, par conséquent, c'est ce qui est l'objet de toute perception
élémentaire par les pulsions, de toute interprétation élémentaire par la
volonté de puissance : c'est-à-dire des variations du sentiment de
puissance. Dans le cadre de l'étude du châtiment, l'exercice de la
cruauté était donné pour l'une des formes possibles de compensation à
la rupture du contrat. Or, souffrance et plaisir ne sont jamais présentés
par Nietzsche comme des entités ultimes, mais uniquement des signes
de ces variations : la souffrance doit être pensée comme signe ou
traduction affective du déclin de la force, de la diminution du sentiment de puissance ; le plaisir comme signe de l'interprétation réussie,
efficace, c'est-à-dire de l'accroissement du sentiment de puissance.
Or, la cruauté, telle qu'elle se manifeste dans le châtiment, consiste
toujours à imposer une contrainte ou une forme à autrui (ou à soi-
même, d'ailleurs), c'est-à-dire à lui imposer sa propre puissance, d'où
la perception de l'accroissement du sentiment de puissance. Bref, on
voit que la souffrance peut fonctionner comme valeur d'échange si
l'on comprend qu'il s'agit toujours d'évaluer des rapports et des
variations de sentiment de puissance, et si l'on comprend également
que plaisir et souffrance ne sont que des signes et non des faits ou des
entités ultimes. Ce que décrit tout le second traité de *La généalogie de
la morale* par conséquent – quoiqu'en langage non technique la
plupart du temps – c'est très précisément la logique interprétative qui
est celle de la volonté de puissance, et à laquelle les phénomènes

moraux sont réductibles selon Nietzsche. On comprend dans ces conditions que le modèle contractuel sur lequel repose l'élucidation de la justice n'a rien d'arbitraire, mais renvoie bien au cœur de l'expérience de pensée de Nietzsche et de son interprétation de la réalité comme jeu de la volonté de puissance.

Il convient donc d'insister particulièrement sur cette analyse, essentielle pour saisir les conditions de possibilité de la justice : l'homme est un complexe d'instincts qui apprécie les relations de puissance : d'abord l'intensification ou la diminution de son propre sentiment de puissance, mais aussi le degré de puissance des autres complexes pulsionnels en présence. C'est cette détermination que vise Nietzsche lorsqu'il déclare dans un texte posthume de 1888 que la volonté de puissance est un *pathos* (une capacité d'être affectée, foncièrement relationnelle, qui n'existe qu'en tant que processus élémentaire de perception des variations de puissance). *Et la justice comme imposition et maintien d'un équilibre suppose en effet un travail constant de réappréciation des rapports de puissance et de leurs variations.* Il faut rappeler à ce sujet la fin du § 112 d'*Aurore*, qui mériterait d'ailleurs d'être lu en entier dans le cadre d'une analyse de l'idée de justice chez Nietzsche : « Là où *règne* le droit, on maintient un certain état et degré de puissance, on s'oppose à son accroissement et à sa diminution. Le droit des autres est une concession faite par notre sentiment de puissance au sentiment de puissance de ces autres. Si notre puissance se montre profondément ébranlée et brisée, nos droits cessent : par contre, si nous sommes devenus beaucoup plus puissants, les droits que nous avions reconnus aux autres jusque-là cessent d'exister pour nous. – L'"homme équitable" a constamment besoin d'une balance très sensible pour évaluer les degrés de puissance et de droit qui, selon la nature éphémère des choses humaines, ne s'arrêtent qu'un court instant dans un équilibre instable et s'effondrent ou s'élèvent la plupart du temps : – être équitable est donc difficile et exige beaucoup d'entraînement, beaucoup de bonne volonté et encore plus d'*esprit* juste ».

Bien entendu, *cette appréciation est interprétative* (toute réalité est un jeu de processus d'interprétation – rappelons qu'il n'y a pas de vérité ni d'en soi, la vérité étant elle-même une forme particulière d'interprétation), par conséquent inévitablement déformante, et elle recouvre donc la possibilité d'un écart, d'une erreur d'appréciation. Et c'est de là que naît le décalage entre la justice et le sentiment de justice ou plus encore d'injustice. Le sentiment d'injustice repose en effet très fréquemment sur une distorsion d'appréciation, comme l'indique l'analyse étonnante offerte par le § 81 du premier tome de *Humain, trop humain* : « *Où l'on se trompe agissant et subissant.* Quand le riche prend un de ses biens au pauvre (par exemple un prince enlevant sa maîtresse au plébéien), une erreur prend naissance chez le pauvre ; il croit que l'autre ne peut être qu'infâme pour lui prendre le peu qu'il a. Mais l'autre est loin de sentir aussi intensément la valeur d'un bien *considéré à part*, habitué qu'il est à en avoir beaucoup : il ne peut donc pas entrer dans l'âme du pauvre et ne commet pas si grande injustice, tant s'en faut, que le croit celui-ci. Chacun d'eux se fait une idée fausse de l'autre. L'injustice du puissant, qui nous révolte surtout dans l'histoire, n'est pas à beaucoup près aussi grave qu'il nous semble. Le sentiment héréditaire d'avoir, être supérieur, des droits supérieurs rend déjà bien indifférent et laisse la conscience en repos ; nous perdons même tous, quand la différence est très grande entre nous-mêmes et un autre être, le moindre sentiment d'injustice et tuons par exemple une mouche sans aucun remords. Ainsi, ce n'est pas un signe de méchanceté chez Xerxès (que tous les Grecs nous peignent même éminemment noble) que d'arracher un fils à son père et de le faire mettre en pièces pour avoir exprimé une inquiétude et une méfiance de mauvaise augure au sujet de toute l'expédition : l'individu est chassé dans ce cas comme un insecte importun, il est placé trop bas pour qu'on le laisse susciter chez un maître du monde de ces sentiments qui torturent trop longtemps. Non, le cruel n'est pas cruel autant que le croit celui qu'il maltraite ; l'idée qu'il se fait de la douleur n'est pas identique à la souffrance de l'autre. Il en va de même pour le juge inique, pour le journaliste qui égare l'opinion publique par de menues malhonnêtetés. Dans tous ces cas, la cause et l'effet appartiennent à des groupes très différents de sentiments et de pensées ; néanmoins, on suppose automatiquement que l'auteur d'un acte et sa victime pensent et sentent de même, et on mesure la faute de l'un à la douleur de l'autre conformément à cette supposition ».

Ce texte quelque peu déroutant dévoile en fait un élément déter-minant de la réflexion nietzschéenne sur la justice : cette distorsion d'appréciation, source du sentiment d'injustice, constitue en effet l'un des facteurs qui alimentent constamment le débordement de passion subjective et tendent à bloquer les possibilités d'échanges au niveau d'une logique de représailles. C'est pourquoi, ainsi qu'on l'a vu, la justice consiste alors à imposer une appréciation, un ordre ou une mesure qui sont ceux du tout, de la communauté dans son ensemble. Plusieurs posthumes insistent sur cet aspect de l'analyse, qui indique bien la cohérence de l'analyse nietzschéenne : « Le problème de *la justice*. La première chose et la plus puissante est justement la volonté et la force de suprématie. Celui qui d'abord gouverne établit ensuite la "justice", c'est-à-dire qu'il mesure les choses à *sa propre* mesure ; s'il est *très puissant*, il peut aller très loin dans le *champ libre* accordé aux *expériences* individuelles »[1]. La justice naît donc lorsqu'une situation globale de puissance pour une communauté est devenue telle qu'elle permet de se détacher de la mimétique des représailles. Un calcul ou une appréciation intervient toujours, mais il se fait effectivement plus détaché du cas particulier considéré à chaque fois, parce que plus global : le point de vue du tout s'impose progressivement.

Les ultimes conséquences de l'élucidation positive de la justice permettent simultanément à Nietzsche de critiquer une autre théorie de la genèse de la justice : celle qui la fait dériver justement des affects négatifs, fortement réactifs, en particulier la volonté de vengeance et le ressentiment. La justice serait-elle après tout pensable comme spiritualisation du ressentiment ? Là encore, les textes nietzschéens nous incitent à une double étude : *sur le plan pratique*, telle est la *praxis* qui a été celle du christianisme ; mais à l'époque contemporaine, un équivalent de cette pratique effective se constitue *sous forme théorique* : Nietzsche songe en particulier à Dühring, qu'il critique sévèrement dans le § 11 du second traité de *La généalogie de la morale*. L'approche théorique dévoile en quelque sorte naïvement les ressorts que cache la pratique du christianisme et de manière générale de la morale ascétique.

Si une telle interprétation de la justice est pour Nietzsche irrecevable, c'est d'abord parce qu'elle est philologiquement inacceptable : il s'agit d'une interprétation qui déforme le texte à interpréter, comme

---

1. *FP X*, 26 [359].

la première section de *Par-delà bien et mal* en présente de nombreux exemples. Penchons-nous sur le cas du christianisme, que Nietzsche étudie particulièrement, sous ce rapport, dans le premier traité de *La généalogie de la morale* : en quoi exactement y a-t-il déformation ? Notamment en ce que cette doctrine de la justice considère *d'emblée* le sentiment de puissance et ses manifestations chez les forts comme condamnables – *mais sans pour autant justifier son point de vue en quelque manière que ce soit* ; ensuite, en ce qu'elle introduit frauduleusement dans le « texte » à lire l'idée que la force est libre de se manifester ou non, ajoutant au texte (l'agir, la force comme processus, les actes des forts, auxquels est reprochée leur autorité voire leur violence) un élément étranger : l'idée d'un support substantiel de l'agir, pensé comme conditionnant le processus de l'agir ; nous sommes exactement dans le cas de la déformation du texte à interpréter, de l'erreur de philologie – ajout d'une séquence signifiante injectée arbitrairement dans le texte, et à partir de laquelle va se construire finalement l'interprétation d'ensemble. Si l'on suit ici l'analyse nietzschéenne, cette « lecture » refuse donc de voir que la réalité est volonté de puissance, que l'intensification du sentiment de puissance est l'exigence-même de toute vie – et ce de manière à valoriser les degrés plus faibles de vie, bientôt honorés du titre de « justes ». Cette déformation permet donc de repérer la construction d'un sens nouveau pour les situations de conflit et d'affrontement, et c'est le repérage de cette construction qui met en relief les pulsions qui sont en fait à l'œuvre dans le processus de réinterprétation : comme on le sait, Nietzsche y diagnostique en particulier l'affect de la vengeance (*Rachsucht*) et l'affect du ressentiment (la haine rentrée, intériorisée, ici à l'égard des dominants, des aristocrates…). La « justice » comme ressentiment spiritualisé peut bien n'être qu'un mot, qu'une désignation honorifique, et ne pas correspondre à la réalité du jeu pulsionnel, on aurait tort d'en rester à une évaluation théorique de sa pertinence, et de sous-estimer sa valeur véritable, qui est bien d'ordre pratique : « *Pour la critique des grands mots* – […] christianisme, révolution, abolition de l'esclavage, philanthropie, amour de la paix, justice, vérité : tous ces grands mots n'ont de valeur que dans le combat, en tant qu'étendard : *non pas* en tant que réalités mais en tant que *termes pompeux* pour quelque chose de tout autre (voire opposé !) » [1]. Il faut bien voir en effet que cette interprétation de la justice est une réinterprétation – elle est seconde et non originaire en ce qu'elle suppose préalablement une situation de puissance où ce sont les forts (pulsionnellement) qui sont dominants : elle va de pair avec un mouvement de révolte (d'où son caractère réactif, que souligne Nietzsche). C'est pourquoi c'est toute la logique du premier traité de la *Généalogie de la morale* qu'il faudrait faire intervenir ici pour restituer la critique de cette compréhension de la justice.

Cette justice ainsi repensée comme égalité universelle, comme refus de toute forme de hiérarchie et surtout comme sanction de la responsabilité (la responsabilité est la pièce essentielle car elle permet de donner une apparence de justification rationnelle au châtiment et à la condamnation) représente donc une forme masquée de volonté de vengeance – c'est ce qu'exprime dans le discours de Zarathoustra, le jeu sur les mots *gerecht* (juste) et *gerächt* (vengé) : « Ah ! de quelle répugnante façon le mot "vertu" leur coule de la bouche ! Et disent-ils "je suis juste" on croit toujours entendre "je me suis fait justice" » [2]. On le voit, Nietzsche est alors en mesure de reconstruire une généalogie de la justice comme masque du ressentiment, et de faire apparaître le *sens* de la revendication de justice : les textes les plus précis, les posthumes de 1887-1888 en particulier, montrent qu'il s'agit là d'une phase au sein d'un processus très complexe visant à bouleverser, et même à renverser les rapports de puissance existant dans une situation donnée – tout le contraire, donc, de la justice au sens propre [3].

---

1. *FP XIII*, 11 [135].

2. « Ach, wie übel ihnen das Wort "Tugend" aus dem Munde läuft ! Und wenn sie sagen "ich bin gerecht", so klingt es immer gleich wie "ich bin gerächt" ! » (*Ainsi parlait Zarathoustra II*, « Des vertueux »).

3. Voir par exemple les textes suivants : « Malgré toute sa "volonté de vérité" il [Nietzsche évoque ici l'écrivain norvégien H. Ibsen] n'a pas osé se libérer de l'illusionnisme moral, lequel dit "liberté" et ne veut s'avouer ce que c'est que la liberté : le second degré dans la métamorphose de la "Volonté de puissance", chez ceux à qui la puissance fait défaut. Au premier degré l'on exige de la justice de la part de ceux qui ont la puissance. Au second degré on dit "liberté", c'est-à-dire que l'on veut se *débarrasser* de ceux qui ont la puissance. Au troisième degré on dit "*égalité des droits*", c'est-à-dire que tant que l'on ne jouit pas encore de la prépondérance, on veut empêcher les concurrents

Enfin, un dernier problème doit être abordé, quand bien même il ne saurait être question de lui restituer ici toute son ampleur : celui du second sens de la justice chez Nietzsche, et de ses rapports avec la justice au sens juridique.

Ce qui transparaît si l'on examine de près les analyses précédentes, c'est le fait que la justice humaine n'est qu'un cas particulier de la justice – la justice perçue à l'échelle macroscopique ; mais nous avons vu Nietzsche nous indiquer que la réalité des processus mis en jeu se déroulait au niveau des relations entre pulsions : plus profondément, donc, il existe une justice pulsionnelle ou inter-pulsionnelle ; celle qui vise l'accord et l'échange compensatoire de puissance entre pulsions au sein d'un organisme ou d'un complexe, qui n'est pas nécessairement l'homme (qui n'est qu'un type particulier de complexe pulsionnel). De cette justice « élémentaire », si l'on peut dire, si surprenante, si difficile à penser, Nietzsche donne un très bel exemple : celui de la *connaissance*. Si inattendu que cela puisse paraître, en effet, le connaître possède pour condition de possibilité la justice :

> *Ce que signifie connaître.* – *Non ridere, non lugere, neque detestari, sed intelligere!* dit Spinoza, de cette manière si simple et sublime qui est la sienne. Pour autant : qu'est-ce en dernière instance que cet *intelligere* sinon la forme sous laquelle ces trois processus justement nous deviennent soudain perceptibles ? Un résultat produit par les trois pulsions différentes et en opposition mutuelle que sont la volonté de se moquer, de déplorer et de maudire ? Avant qu'un connaître soit possible, il faut que chacune de ces pulsions ait d'abord exprimé son point de vue partial sur la chose ou sur l'événement ; ensuite est apparue la lutte de ces partialités, et à partir de celle-ci, parfois, un moyen terme, un apaisement, un assentiment concédé à l'ensemble des trois parties, *une espèce de justice et de contrat* : car, grâce à la justice et au contrat, toutes ces pulsions peuvent s'affirmer dans l'existence et s'imposer mutuellement leur point de vue. Nous, qui ne prenons conscience que des scènes ultimes de réconciliation et de la liquidation finale de ce long processus, nous pensons pour cette raison qu'*intelligere* est quelque chose qui réconcilie, quelque chose de juste, de bon, quelque chose d'essentiel-

---

de croître en puissance » (*FP XIII*, 10 [66]) ; « […] on veut la *liberté* tant que l'on n'a pas la puissance. La possède-t-on, on veut la suprématie ; si l'on ne l'acquiert de haute lutte (si l'on est trop faible encore pour elle), on veut la *"justice"*, *c'est-à-dire une égale puissance* » (*FP XIII*, 10 [82]).

lement opposé aux pulsions; alors que c'est seulement un *certain rapport mutuel des pulsions* [1].

On remarquera que Nietzsche souligne ici l'existence de trois phases dans la relation pulsionnelle étudiée. À terme, afin que soit rendu possible le processus que nous percevons partiellement en le ressentant comme un «connaître», il faut que les pulsions – sinon toutes, du moins les plus puissantes au sein du complexe considéré – parviennent à un accord, à une «compositio» pour reprendre le terme que la *Généalogie de la morale* emprunte au droit romain : que chacune parvienne à se satisfaire partiellement sans étouffer les autres. Sans justice, pas de connaître, donc. Mais le processus pulsionnel dévoilé par cette analyse peut être étendu, et sans doute nous offre-t-il même la possibilité de comprendre ce que vise exactement la justice au second sens où Nietzsche l'évoque : cette justice en un sens psychologique peut d'abord se caractériser de manière négative, comme l'aptitude à museler les affects les plus violents, les plus passionnés face à la chose ou au phénomène que l'on considère (qu'il s'agisse de haine ou tout aussi bien d'amour), comme l'art de parvenir à s'éloigner de la prévention, qu'elle soit dictée par l'attirance ou la répugnance : l'amour trahit et déforme autant que la haine ; il apparaît alors que positivement cette fois, cette analyse de la justice cadre avec ce que Nietzsche nomme plus fréquemment la probité – donc la capacité à interpréter sans trahir, sans imposer de déviation philologique, bref l'aptitude à lire le texte auquel on se trouve confronté selon les exigences de la philologie, de l'art de bien lire.

De nouveau donc, l'analyse de la justice renvoie au terrain psychologique : elle recouvre un problème de mise en équilibre des pulsions. La visée est toujours de parvenir non pas à l'élimination, mais à la modération des manifestations des pulsions les plus actives dans une situation donnée, à faire en sorte que ces pulsions se limitent mutuellement, et ce faisant se coordonnent pour rendre possible une interprétation nouvelle : sans doute la haine ou la moquerie interviennent-elles par exemple dans le processus de construction de la connaissance, mais elles n'interviennent justement pas sous la forme

---

1. *Le gai savoir*, § 333. Nous soulignons la formule centrale.

débridée, furibonde, exclusive et incontrôlable qui caractérise l'interprétation moralisante, chrétienne, de la justice.

C'est cette justice au sens psychologique que peint par exemple l'un des tout derniers paragraphes d'*Humain, trop humain* [1]. Cet aphorisme opposait, suivant la conceptualité propre aux textes de cette époque, la justice à la conviction et au faux « génie », qui ne s'adresse qu'à ceux qui veulent des convictions : « Il y a aussi, il est vrai, une espèce toute différente de génie, celui de la justice ; et je ne peux du tout me résoudre à l'estimer inférieur à quelque autre forme de génie que ce soit, philosophique, politique ou artistique. Il est de sa nature de se détourner avec une franche répugnance de tout ce qui trouble et aveugle notre jugement sur les choses ; il est par suite *ennemi des convictions*, car il entend faire leur juste part à tous les êtres, vivants ou inanimés, réels ou imaginaires – et pour cela, il lui faut en acquérir une connaissance pure ; aussi met-il tout objet le mieux possible en lumière, et il en fait le tour avec des yeux attentifs. Pour finir, il rendra même à son ennemie, l'aveugle ou myope "conviction" (comme l'appellent les hommes : pour les femmes, son nom est "la foi"), ce qui revient à la conviction – pour l'amour de la vérité ».

Se détourner des convictions, retraduit dans le lexique de la psychologie propre à Nietzsche, cela désigne le fait de parvenir à brider les exigences et les suggestions d'une pulsion (ou d'un groupe de pulsions coalisées). Resterait une question : comment cela est-il possible ? Au moyen d'autres pulsions : ce qui suppose que l'on soit assez riche (en termes de diversité des pulsions), et assez fort (en termes de puissance relative des pulsions) pour équilibrer fermement les relations pulsionnelles. L'étude de cette justice élémentaire nous ramènerait une fois encore à la question de la puissance au sens où l'entend Nietzsche. La justice désigne donc un milieu entre la tyrannie et l'anarchie, c'est-à-dire entre la domination exclusive d'une pulsion et la dissolution complète du système pulsionnel. Il faut attirer particulièrement l'attention sur la signification de cette analyse : c'est que Nietzsche ne caractérise jamais la force autrement que comme ce milieu entre la tyrannie et l'anarchie. La justice, en tant qu'elle est probité, doit donc bien se penser comme la manifestation suprême de

---

1. *Humain, trop humain* I, § 636.

la force, loin que la force brutale, au sens naturaliste de Calliclès, soit la seule réalité de la justice. C'est là une thématique récurrente ; l'un des textes les plus nets à ce sujet est un fragment posthume de l'époque de *Humain, trop humain* : « On est injuste aussi quand on trouve les grands hommes *trop grands*, et trop profondes les choses du monde. Qui veut donner la signification la plus profonde à la vie entoure le monde d'un tissu de fables ; nous y sommes encore tous profondément pris, si libres d'esprit que nous puissions nous paraître. Il existe une forte tendance, innée et archaïque, à exagérer les distances, à charger les couleurs, à prendre le brillant pour le plus vraisemblable. La force se montre surtout dans cette outrance à marquer les accents ; *mais la force est supérieure dans la modération, la justice est plus difficile que l'abandon et l'amour* »[1].

Insistons tout particulièrement sur cette dernière détermination : justice et probité sont les signes d'un degré élevé de puissance. Et c'est bien un point sur lequel insiste également *La généalogie de la morale* en défendant cette thèse que la probité est davantage du côté de la force que de la faiblesse réactive : « Il est certain en moyenne que, même chez les personnes les plus intègres, il ne faut pas plus qu'une petite dose d'agression, de méchanceté, d'insinuation pour avoir l'œil injecté de sang et *aveugle* à l'équité. L'homme actif, l'homme d'agression, d'expansion reste toujours cent fois plus près de la justice que le réactif ; il n'est justement en rien nécessaire pour lui d'estimer son objet de manière fausse, avec parti-pris, à la manière dont le fait, doit nécessairement le faire l'homme réactif »[2].

C'est donc à un problème d'équilibre et de hiérarchisation pulsionnelle que nous conduit en fin de compte l'interrogation sur la justice. Elle ne révèle son sens que dans le cadre de la logique d'intensification de la puissance qui est la logique fondamentale de la réalité dans toutes ses manifestations. C'est bien pourquoi elle n'est pas pour Nietzsche un phénomène spécifiquement politique ou moral, et désigne fondamentalement un mode de relation entre quanta de puissance – entre pulsions –, comme le souligne le § 333 du *Gai savoir*. Et c'est pour cette raison qu'elle se trouve finalement identifiée à un

---

1. *FP* de *Humain, trop humain I*, 23 [133] ; nous soulignons la formule finale.
2. *La généalogie de la morale*, II, § 11.

mode d'exercice de la volonté de puissance[1] – un mode d'exercice caractérisé non par son désintéressement mais par sa sagesse, par sa grande largeur de vue, qui contraste de manière éclatante avec les perspectives étroites et dénuées d'esprit que constituent le bien et le mal. De la confrontation entre États à la rivalité interpulsionnelle au sein du corps, seule change l'échelle de puissance considérée. La logique, elle, demeure inchangée, et la justice apparaît toujours comme une des voies possibles de la marche à l'intensification de la puissance de formations pulsionnelles plus ou moins complexes, une voie qui possède cette spécificité de s'avérer la plus efficace dans les situations où le contrôle direct de l'adversaire se révèle impraticable. La justice est bien peu morale, on le voit – elle traduit l'intérêt du tout, c'est-à-dire de la formation globale de domination au sein de laquelle apparaissent des conflits entre éléments constituants. Dans un univers gouverné par la logique exclusive de la rivalité et de la concurrence pour la maîtrise, la notion de justice permet ainsi de penser la présence d'accords, de suspensions locales de la lutte demeurant paradoxalement en pleine conformité avec la logique de la puissance, donc sans introduire d'entorse à l'égard de la régulation de la réalité telle que Nietzsche la décèle. Ce qu'établit l'enquête sur cette notion, c'est la possibilité de « contrats » pulsionnels dans certaine situations de puissance bien déterminées. Et c'est sur cette logique pulsionnelle d'arrangement provisoire, de compensation, et de collaboration mutuelle que repose en dernière analyse la justice humaine – la justice considérée, si l'on veut, à l'échelle macroscopique. C'est toujours la logique de l'intensification du sentiment de puissance qui se joue; mais elle se joue ici sur un mode indirect, en fonction d'une stratégie qui montre en quelque sorte l'intelligence des pulsions, leur « esprit ». La justice se révèle ainsi être l'un de ces détours qu'emprunte parfois la volonté de puissance pour parvenir à maintenir la possibilité de son intensification. Dans cette perspective, la détermination fondamentale de la justice est de présupposer un contrat, d'être une forme d'arrangement et de compromis entre instances de puissance comparable – elle est en fin de compte l'art de maintenir l'intensification

---

1. Voir par exemple *FP XII*, 2 [122], ou encore 7 [24] (« la justice comme volonté de puissance ») et 8 [7] (« la volonté de puissance comme origine de la justice »).

de sa puissance dans des situations au départ défavorables. En cela, elle présente l'intérêt de bien montrer en quoi l'«esprit» habite la puissance, en quoi la «raison au sein de la force»[1], donc les formes spiritualisées de la lutte pulsionnelle, muselant les manifestations brutes et immédiates de conflictualité, représentent la condition des degrés suprêmes de puissance. Considérée au niveau de l'individu et de sa régulation intérieure, la justice offre ainsi un exemple éclatant de cette «grande raison», plus sage que notre esprit, qu'est le corps.

Patrick WOTLING
Université de Reims

---

1. *Aurore*, § 548.

LA JUSTICE COMME *ÉQUITÉ* DANS L'ŒUVRE
DE JOHN RAWLS[1]

Si nous devions résumer l'héritage historique de la *Théorie de la justice* rawlsienne en une formule, c'est certainement d'égalitarisme individualiste qu'il faudrait parler. Plus exactement, il faudrait souligner son insistance à la fois sur le fait que la justice d'une société se mesure au sort des plus démunis et que *chaque* personne doit être un membre participant à part entière à la société.

Pour caractériser cette perspective sur la justice sociale, Rawls parle de « justice comme équité ». Il s'empresse cependant d'ajouter : « cette expression ne signifie pas que les concepts de justice et d'équité soient identiques, pas plus que, par exemple, la formule "la poésie comme métaphore" ne signifie que poésie et métaphore soient identiques »[2]. Si Rawls utilise cette expression, c'est au contraire parce que les principes de justice sont envisagés dans une « position originelle » d'égalité. La *position originelle* est ainsi conçue de façon à définir une perspective équitable sur la justice. Elle permet par ailleurs à Rawls de présenter ses arguments contre la tradition utilitariste. De cette tradition, Rawls aspire à reprendre les ambitions (embrasser en une seule perspective théorique faits moraux, écono-

---

1. Sauf pour les citations de la *Théorie de la justice* (TJ), Paris, Seuil, 1987, et du *Libéralisme politique* (PL), Paris, PUF, 1995, pour lesquelles je me suis servi des excellentes traductions de C. Audard, la traduction des textes anglais a été faite par mes soins. Les références aux deux premiers livres de Rawls portent le numéro de page de la traduction en français.

2. TJ, p. 39.

miques et sociaux) tout en en évitant les défauts, à savoir, précisément, qu'elle conduit à des politiques qui ne sont pas équitables à l'égard de chacun.

Nous nous consacrerons ci-après à éclaircir le sens de la formule « justice comme équité », tout comme à expliquer certains des concepts essentiels de la théorie, tels que *voile d'ignorance*, *position originelle*, *biens premiers*, *structure de base*, ou *principe de différence* afin d'éclairer la réponse apportée à la conception utilitariste. Commençons cependant par nous attacher à expliquer la perspective contractualiste que Rawls entend opposer à cette tradition utilitariste.

UN CONTRACTUALISME REPRENANT LES AMBITIONS DE L'UTILITARISME

Lorsque en 1971 John Rawls publie sa *Théorie de la justice*, les théories du contrat social semblent seulement concerner l'histoire des idées, tant il est convenu d'admettre qu'elles n'apportent pas la solution la plus adéquate aux problèmes de légitimité politique et de partage des avantages sociaux dans les sociétés contemporaines.

La philosophie politique avait parallèlement cédé beaucoup de terrain aux sciences sociales et politiques. Celles-ci se soucient de comprendre, d'expliquer et de prévoir les phénomènes sociaux et politiques, plutôt que de formuler des principes normatifs de justice sociale. Or l'une des originalités fondamentales de Rawls consiste à renouer avec la tradition du contrat social et avec son projet normatif de liberté, d'égalité et de justice. Il s'écarte ainsi de la seule tentative d'explication des sciences humaines, mais aura à cœur de mettre leurs acquis au profit d'une réflexion sur la justice sociale.

L'intention de se situer dans la tradition du contrat social, qui culmine pour lui avec la théorie de l'autonomie kantienne, est soulignée dès les toutes premières pages de *Théorie de la justice* : « J'ai tenté – dit Rawls – de généraliser et de porter à un plus haut degré d'abstraction la théorie traditionnelle du contrat social telle qu'elle se trouve chez Locke, Rousseau et Kant »[1]. Comme nous le verrons, la

1. TJ, p. 20.

définition des principes de justice dans la position originelle s'apparente en effet de près au raisonnement qui amène, chez les contractualistes classiques, aux principes recteurs de la société civile, à partir
d'un état de nature originel.

La liste d'auteurs contractualistes citée par Rawls peut toutefois
surprendre, particulièrement par l'absence de l'un des fondateurs de la
théorie politique moderne du contrat, à savoir Hobbes. Pour expliquer
cette omission, Rawls se contente de dire que « malgré son importance, le *Léviathan* de Hobbes pose des problèmes particuliers »[1].
Sans proposer une explication détaillée, quelques observations
succinctes peuvent être formulées à ce propos. Commençons par nous
attacher aux éléments communs fondamentaux repris par Rawls, pour
ensuite indiquer comment, à partir de ce tronc commun, il établit la
distinction entre deux traditions contractualistes.

L'idée d'un contrat entre gouvernants et gouvernés est ancienne.
C'est cependant avec Thomas Hobbes (1588-1679), John Locke
(1632-1704) et Jean-Jacques Rousseau (1632-1704) que cette notion
prend toute son importance.

Pour ces trois contractualistes modernes, la notion de contrat est
essentiellement *normative*. Elle sert à se demander si les institutions
politiques ct sociales fondamentales sont telles que nous aurions
consenti à nous engager par un contrat à les accepter si elles nous
avaient été présentées dans une situation originelle, ou état de nature.
Dans l'état originel de nature qu'ils imaginent tous trois, les hommes
sont initialement libres et égaux. Ces caractéristiques constituent pour
tous les contractualistes modernes une description des éléments
fondamentaux de la personne humaine. Les hommes sont par nature
égaux en ce qu'ils partagent certains traits fondamentaux (en particulier la capacité de raisonnement)[2].

Les trois contractualistes classiques fondent donc le contrat sur la
liberté égale de chaque personne, et sur le consentement à obéir aux
institutions politiques et sociales. Une objection à ce type de raison-

---

1. TJ, p. 79, n. 4.

2. Tirant toutes les conséquences de cette égalité naturelle, il est à noter que Hobbes
l'applique aux femmes. Si l'autorité du chef de famille a normalement été donnée à
l'homme, note-t-il, c'est tout simplement parce que les lois ont été élaborées par les
hommes, pas par les mères de famille. Cf. *Léviathan* (1651), chap. 20.

nement apparaît d'emblée, à savoir que nous n'avons aucune trace d'un tel consentement, d'un tel « contrat ». S'il pouvait être historiquement établi, le contrat n'engagerait d'ailleurs que la génération d'individus qui l'auraient conclu, et pas leurs descendants. Nous venons cependant de suggérer une autre interprétation, moins littérale. Si l'idée du contrat est révélatrice, ce n'est pas parce qu'il y a des traces historiques d'un tel accord, mais par la perspective évaluative qu'elle permet d'adopter quant aux institutions dans lesquelles nous nous trouvons.

L'état de nature constitue en effet non un premier stade de l'humanité, mais une construction théorique qui permet de juger *nos* institutions sociales, politiques et économiques fondamentales, ainsi que le type de société qu'elles constituent par leur jeu commun (ce que John Rawls appellera la *structure de base*).

En d'autres termes, l'état de nature (tout comme la *position originelle* rawlsienne) nous permet de poser la question suivante : que penserions-nous de nos institutions si nous n'étions pas pris en leur sein au point de les considérer « naturelles » ? C'est cette perspective qui fait que contractualisme ne prêche ni nostalgie à l'égard d'un supposé état originel d'innocence, ni obéissance automatique ou conformisme par rapport aux institutions dans lesquelles nous nous trouvons. En montrant qu'elles ne sont en rien naturelles, mais le fruit de conventions humaines, il appelle à les évaluer, et éventuellement à les modifier (y compris radicalement), pour les rapprocher du contrat que nous *aurions pu* conclure dans un état de nature hypothétique.

À la question qu'il pose implicitement, le contractualisme répond en effet par une hypothèse : si *tous* les membres de la société pouvaient, sur un *pied d'égalité*, choisir conjointement les institutions politiques et sociales fondamentales et les principes qui les soustendent, alors ils parviendraient à un accord légitime, accord dont les termes nous permettent par contraste d'évaluer nos propres institutions.

La tradition contractualiste dont Rawls veut dégager et approfondir les termes essentiels part de prémisses similaires. En particulier, il reprend ce qu'il considère être l'une des contributions fondamentales du contractualisme, la « conception de la personne », à savoir l'attention à la capacité humaine de raisonnement et de délibération, capacité dont l'exercice doit être protégé par des droits.

Malgré certains aspects communs, Rawls, nous l'avons dit, veut s'écarter de Hobbes, et établir une distinction entre deux formes de contractualisme, deux « traditions ». Voyons maintenant quels sont les éléments de différences entre ces deux traditions, l'une hobbesienne et l'autre qu'il est approprié de qualifier, à la suite de Rawls, de « kantienne ».

La distinction entre contractualisme hobbesien et kantien

La liste d'auteurs contractualistes cités par Rawls exclut Hobbes, mais elle comporte par contre le nom de Kant. Bien sûr, l'ajout peut paraître surprenant. Kant (1724-1804) n'est en effet pas à proprement parler l'un des auteurs du contrat social. Ceci étant, Kant s'attache dans deux textes fondamentaux de ses écrits politiques, *Sur le lieu commun...* et la *Métaphysique des mœurs* (1793 et 1797), à formuler la notion de contrat social comme « idée de la raison », et à lier cette idée à la déduction de principes de façon impartiale. Le pas fondamental effectué par Kant est de détacher l'idée de contrat de la justification de l'autorité. De la construction de la volonté générale par Rousseau dans le *Contrat social*, Kant dégage ainsi clairement l'utilisation de la métaphore du contrat pour déterminer *la forme et le contenu des principes de justice*.

> Mais ce contrat – dit Kant – ... c'est une *simple Idée* de la raison, mais elle a une réalité (pratique) indubitable, en ce sens qu'elle oblige tout législateur à édicter ses lois de telle façon comme *pouvant* avoir émané de la volonté collective de tout un peuple, et à considérer tout sujet, en tant qu'il veut être citoyen, comme s'il avait concouru à former par son suffrage une volonté de ce genre... Si en effet cette loi est de telle nature qu'il soit *impossible* que tout un peuple *puisse* y donner son assentiment..., elle n'est pas juste [1].

Il est intéressant que cette première utilisation de l'idée de contrat par Kant figure dans une section de *Sur le lieu commun...* précisément

---

1. Kant, *Sur le lieu commun il se peut que ce soit juste en théorie, mais, en pratique, cela ne vaut point* (1793), trad. fr. J. Guillermit dans *Théorie pratique*, Paris, Vrin, 2000, p. 39, souligné dans l'original.

intitulée « contre Hobbes » (p. 269). C'est cette perspective kantienne qu'entend revendiquer Rawls. Pour un penseur comme pour l'autre, cette forme de contractualisme est opposée à l'interprétation hobbesienne visant le consentement à un gouvernement garant de la paix sociale. À la suite de Kant, Rawls utilise ainsi la métaphore du contrat comme formule permettant d'adopter la perspective normative adéquate à des lois ou principes de justice.

L'une des distinctions qui peuvent être établies entre ces deux grandes traditions contractualistes concerne ainsi la distinction entre la simple question de la paix sociale et la réponse normative à la question : « qu'est-ce qu'une société juste ? ». Nous pouvons approcher cette distinction par le biais de la façon dont l'intérêt d'autrui est pris en considération. Pour la tradition hobbesienne (dont le représentant contemporain le plus éminent est certainement David Gauthier[1]), la coopération avec autrui définie aux termes du contrat est rationnelle si elle est dans l'intérêt individuel de chacun. C'est donc *à partir* de l'intérêt personnel que la coopération est justifiée.

Sans nier que des règles de justice ne puissant pas être entièrement contraires à l'intérêt personnel, la seconde tradition contractualiste utilise l'idée du contrat pour faire adopter à chaque personne la perspective des autres parties à l'accord. Ne passent donc le test que les principes qui seraient adoptables par *toutes et chacune* des personnes membres d'une société, une fois leurs intérêts pris également en compte. Cette perspective normative, initialement suggérée par Rousseau et formalisée par Kant est celle que nous retrouvons chez certains contractualistes contemporains, en particulier Rawls et Scanlon[2].

Pour donner une illustration de la différence entre les deux formes de raisonnement, considérons qu'une partie de mes ressources soit prélevée par l'État pour être consacrée aux plus démunis. Deux formes de justification de ces prélèvements peuvent être avancées.

---

1. *Cf.* D. Gauthier, *Morals by Agreement*, Oxford, Clarendon Press, 1986.
2. D'autres contemporains, en particulier Th. Nagel, *Equality and Partiality*, Oxford, Oxford University Press, 1991, adoptent des positions comparables. C'est cependant à Rawls, TJ (1971) et PL (1993), et à T. M. Scanlon, *What We Owe To Each Other*, Cambridge, Mass., Harvard University Press, 1998, que nous devons les efforts de formulation systématique de cette perspective dans la tradition contractualiste.

– Il peut être dans mon intérêt rationnel de consentir à ce qu'une partie de mes ressources soit consacrée aux plus défavorisés, par exemple parce que ceci contribue à la paix sociale ; d'autres membres de la société peuvent effectuer un raisonnement similaire. Chacun de nous a alors un intérêt personnel à accepter cette règle, et à coordonner nos actions en ce sens. (Le raisonnement de type hobbesien m'aidera justement à dégager ces intérêts personnels à long terme, et à leur donner une priorité rationnelle, par rapport à mon intérêt à court terme à garder l'argent, par exemple.)

Il n'y aura cependant accord que si, et dans la mesure où chacun de nous y trouve un intérêt personnel (si nous recevons quelque chose « en échange »). Ce n'est donc pas l'injustice qui veut que certains soient à ce point démunis qui joue ici le rôle central.

– Un second type de justification part non de mon intérêt et du profit mutuel que d'autres membres de la société et moi-même pouvons tirer d'un accord, mais de la prise en considération impartiale de *tous* les intérêts et circonstances de chacune des parties au contrat (à savoir : chacun des membres de la société).

Je peux alors être amenée à considérer que les pénuries ou privations dont souffrent les plus démunis doivent *d'un point de vue d'impartialité* donner lieu à une redistribution. Au vu de ce second type de justification je peux considérer qu'il est justifié d'effectuer des transferts vers les plus démunis *même si ceci est sans effet bénéfique* sur mes intérêts propres.

Une précision est utile à ce stade. Nous venons d'adopter le terme d'*impartialité* pour caractériser la seconde position. Le terme semble adéquat, puisque sont considérés les intérêts de chaque personne au contrat (soi y compris). Il ne faudrait toutefois pas déduire que cette position représente une perspective « angélique » qui ne caracté-riserait qu'une société de saints exclusivement mûs par l'intérêt d'autrui. Une société juste, dit Rawls, n'est « ni une société de saints ni une société d'égocentriques. Elle fait bien partie de notre monde humain ordinaire »[1].

Notre brève ébauche de la tradition contractualiste dans laquelle Rawls se situe peut maintenant être résumée.

---

1. PL, p. 54.

– En premier lieu, le contrat n'est pas un fait historique, mais une construction hypothétique. Certains critiques s'empresseront de signaler qu'un contrat hypothétique n'engendre pas d'obligation[1]. Toutefois la métaphore contractualiste est utilisée, nous l'avons vu, dans un but différent, à savoir *l'évaluation* de nos institutions politiques et sociales en termes de justice.

– En second lieu, cette évaluation de la justice des institutions politiques et sociales est conduite au vu de principes établis dans des conditions de prise en compte impartiale des intérêts de chaque personne, plutôt qu'en fonction du seul profit mutuel que les différents membres de la société pourraient en tirer. La perspective contractualiste sert donc également de *procédure* pour déterminer le contenu des principes de justice.

Voyons maintenant l'utilisation de ces éléments contractualistes dans la théorie elle-même, en particulier en ce qui concerne la critique avancée contre l'utilitarisme.

Le contractualisme face à l'utilitarisme

Il ne faudrait pas déduire de ce qui vient d'être dit que Rawls ne fait que se prononcer pour une branche de l'héritage contractualiste. C'est en effet en grande partie à la *Théorie de la justice* et aux travaux qu'elle a inspirés que nous devons la distinction entre deux types de contractualismes, tout comme la formulation précise d'un contractualisme de sceau kantien. La *Théorie de la justice* consiste en effet non seulement à réinterroger mais véritablement à *refonder* la tradition contractualiste, pour en dégager les éléments qui permettent de répondre efficacement à l'utilitarisme dominant depuis presque un siècle lors de sa publication.

En particulier, Rawls annonce dès l'introduction que la théorie du contrat social

a) lui semble offrir une analyse de la justice supérieure à la tradition utilitariste et

b) qu'elle contient les éléments de délibération morale qui conviennent le mieux à une société démocratique.

---

1. N. Daniels, *Reading Rawls*, New York, Basic Books, 1974, p. 17, visant Dworkin.

Parallèlement, Rawls se propose d'écarter les interprétations réductrices, ainsi que de mettre les acquis de la tradition contractualiste à la disposition de la réflexion contemporaine sur la légitimité démocratique et sur les principes de distribution des avantages sociaux.

Une réponse systématique et globale à l'utilitarisme

L'utilitarisme est le nom donné à une théorie morale et politique dont Jeremy Bentham (1748-1832) est généralement considéré comme le fondateur. Cette doctrine, modifiée par John Stuart Mill (1806-1873) et par Henry Sidgwick (1838-1900), a occupé une place prépondérante dans la philosophie morale et politique en langue anglaise pendant près de deux siècles. Lorsqu'il est considéré comme doctrine politique, l'utilitarisme classique repose sur l'idée selon laquelle « une société est bien ordonnée, et par là même, juste, quand ses institutions majeures sont organisées de façon à réaliser la plus grand somme totale de satisfaction pour l'ensemble des individus qui en font partie »[1].

Nous ne pouvons nous occuper ici de l'utilitarisme en tant que doctrine morale, mais seulement de certains éléments qui touchent de plus près à la justice distributive. Nous laisserons par ailleurs de côté la distinction entre les différents types d'utilitarisme, pour n'ébaucher que les traits essentiels qui touchent plus particulièrement la théorie de Rawls. Plus précisément, nous présenterons de façon succincte la ligne argumentative que Rawls avance contre l'utilitarisme dans la *Théorie de la justice*. Il entend, nous dit-il, « élaborer une théorie de la justice qui représente une solution de rechange à la pensée utilitariste en général et donc à *toutes* les versions différentes qui peuvent en exister »[2]. La différence entre la doctrine du contrat et l'utilitarisme « demeure essentiellement la même » dans tous les cas, estime-t-il en effet. Son ambition consiste par ailleurs à dessiner une théorie rivale de l'utilitarisme, mais *qui en reprenne l'ambition initiale*, à savoir d'apporter une conception globale cohérente et systématique des faits sociaux, économiques et moraux.

---

1. TJ, p. 49.
2. TJ, p. 49, c'est moi qui souligne.

La seule distinction qu'effectue Rawls est entre un principe d'utilité totale et un principe d'utilité moyenne. Si l'utilitarisme classique (celui de Sidgwick) repose sur la réalisation de la plus grande somme totale de satisfaction pour l'ensemble des personnes concernées, le principe d'utilité moyenne « conduit la société à maximiser non pas l'utilité totale mais l'utilité moyenne (*per capita*) »[1]. Rawls considère cette seconde conception, qu'il attribue d'ailleurs à un autre utilitariste classique, à savoir Mill, comme étant plus moderne et surtout plus plausible : la comparaison entre les principes utilitaristes et contractualistes est donc effectuée en prenant comme référence le principe d'utilité moyenne. Avant de voir cette comparaison, étudions plus précisément certains traits de l'utilitarisme comme doctrine politique.

Principaux traits de l'utilitarisme comme conception de justice distributive

La volonté d'établir des principes objectifs d'évaluation de nos institutions publiques est l'une des ambitions essentielles de la doctrine utilitariste. Dans l'esprit de l'un des auteurs qui posèrent les premiers principes de cette école de pensée, à savoir Jeremy Bentham, l'utilitarisme doit en effet permettre d'établir des principes *rigoureux, objectifs, rationnels et intelligibles* permettant de guider et d'évaluer les politiques publiques. Le principe fondamental qui répond à cette exigence, et qui devrait selon lui constituer la mesure objective du succès ou de l'insuccès des politiques et des institutions, est celui d'*utilité*. Ce principe cherche à trouver les politiques qui conduisent à maximiser le plaisir ou bien être de la communauté considérée et à en minimiser la souffrance.

Ajoutons que ce calcul s'appuie sur des bases individualistes. Dans sa version la plus simple, l'utilitarisme est ainsi la doctrine qui calcule, pour *chaque* individu, dans quelle mesure son bien-être (ou utilité) est accru ou diminué par la politique considérée. La somme des utilités résultantes est ensuite mise en regard de celle que l'on obtient pour d'autres politiques concurrentes. Pour l'*utilitarisme classique* (celui de Bentham ou de Sidgwick), la politique à adopter est celle qui

1. TJ, p. 194.

maximise la somme des utilités, c'est à dire qui obtient la somme totale de bien-être la plus élevée.

Le principe que propose Bentham repose donc sur l'idée que les faits moraux essentiels sont ceux qui concernent le *bien-être individuel*. Deux avantages importants de cette doctrine apparaissent d'emblée.

1) Étant donné l'immédiate évidence de l'importance du bien-être de chacun, l'attrait de cette doctrine philosophique s'explique bien. L'idée que les politiques gouvernementales devraient maximiser la somme des utilités semble par ailleurs s'accorder avec ce que nous en attendons spontanément.

2) L'utilitarisme est par ailleurs profondément *égalitaire*, en ce que le bien être de chaque personne est pris en considération, et qu'aucune ne compte plus qu'une autre. De ce point de vue, donc, l'utilitarisme est strictement *impartial*.

La rigueur et la simplicité d'un principe qui semble si bien s'ajuster à nos intuitions, tout en accordant une importance égale et impartiale à chaque personne, expliquent certainement le rôle dominant que la doctrine utilitariste a joué dans la philosophie morale en langue anglaise. À ceci il faut ajouter qu'il fournit l'expression la plus aisément traduisible en termes économiques de l'idée de bienfaisance à l'égard des plus démunis. L'importance qu'il accorde au bien-être le rend par ailleurs parent des politiques de justice sociale mises en œuvre dans le contexte de l'État providence. Une barrière d'objections s'est toutefois dressée face à ce principe classique. Tournons-nous vers celles qui importent le plus à notre propos, en particulier le contraste avec la perspective contractualiste dessinée précédemment.

Quelques contrastes entre utilitarisme et contractualisme

Commençons par noter certaines caractéristiques de la position utilitariste ébauchée ci-dessus par rapport à la doctrine du contrat social.

Pour l'utilitarisme pur, à la différence du contractualisme, les autres idéaux, justice, égalité et même liberté ne semblent avoir qu'une valeur instrumentale, celle de maximiser l'utilité (ou le bien-être). Si nous arrivions à la conclusion qu'elles ne contribuent pas à maximiser la somme totale d'utilités, alors ces valeurs pourraient être sacrifiées.

Par ailleurs, l'utilitarisme accorde une valeur impartiale à chaque individu, mais cette perspective est générée par un observateur impartial *externe*, qui attribue une valeur égale au bien-être de chaque personne. C'est cependant le bien-être *total* obtenu en additionnant les utilités individuelles qui permet à cet observateur externe de pencher pour une politique plutôt qu'une autre. La perspective ultime n'est donc plus celle de chaque individu concerné.

Le contractualisme adopte une procédure différente sur ces deux points fondamentaux.

Ce n'est pas un observateur externe mais *chaque* personne affectée par le contrat qui en évalue les effets. L'un des aspects fondamentaux de la position contractualiste est en effet l'idée que chaque personne est le meilleur juge de ses propres intérêts (ce qui en fait une doctrine fondamentalement anti-paternaliste).

Par ailleurs, l'évaluation s'effectue d'un point de vue qui *reste individuel* en tous points. S'il est raisonnable pour l'une des parties au contrat de le refuser (par exemple parce qu'il entraînerait des sacrifices inacceptables), alors peu importe que la somme des bénéfices de ce contrat pour le reste de la communauté considérée soit énorme.

L'utilitarisme présente un dernier contraste avec le raisonnement contractualiste de type kantien dont les principales caractéristiques ont été ébauchées précédemment. Celui-ci, nous l'avons vu, vise à élaborer des principes de justice (tels que la liberté égale pour tous) à priori, c'est à dire indépendamment de circonstances autres que celles qui affectent toute société humaine. Par opposition, l'utilitarisme est une doctrine conséquentialiste, c'est-à-dire que les institutions et les politiques publiques sont évaluées non pas en fonction de leur respect d'une règle préétablie, mais en fonction de leurs conséquences sur un but déjà fixé (la maximisation de la somme des utilités).

De nouveau, nous pouvons demander : quoi de plus raisonnable que de mesurer les politiques à l'aune de leurs conséquences ? Rawls est d'ailleurs tout prêt à accorder que « toute doctrine éthique digne de considération tient compte des conséquences dans son évaluation de ce qui est juste. Celle qui ne le ferait pas serait tout simplement absurde, irrationnelle » [1]. La différence est toutefois que pour l'utilitarisme, la justice des politiques publiques n'est jugée qu'à leurs seules conséquences sur le bien être total. Les institutions doivent donc être organisées de façon à ce que le niveau de satisfaction des individus, *quelle qu'en soit la source* soit le plus élevé possible.

Pour nous convaincre des problèmes générés par cette perspective, imaginons, nous dit Rawls, que « des hommes prennent un certain plaisir à établir des discriminations entre eux, à imposer aux autres une diminution de liberté afin d'accroître le sentiment de leur propre valeur » il faut alors « accorder à la satisfaction de ces désirs un poids qui soit en rapport avec leur intensité … » [2]. L'important, c'est que la seule raison de ne pas satisfaire ces désirs pourtant illégitimes serait de considérer que ceci aurait un effet négatif sur la somme des utilités (par exemple parce que les discriminations ont un effet destructeur sur la cohésion sociale). La théorie utilitariste ne pose pas le respect d'un principe indépendant et prioritaire, tel que la liberté ou le respect de chaque personne.

Bien sûr les utilitaristes peuvent défendre le principe de liberté, et ils l'ont d'ailleurs fait historiquement (l'exemple le plus évident étant celui de J.S. Mill). Pour le respect de ce précepte, l'utilitariste pur doit toutefois d'abord prouver que le principe d'égale liberté maximise le solde global net de satisfaction. Or ceci semble aller contre l'une de nos convictions normatives les plus essentielles, à savoir que la liberté individuelle n'a pas ce caractère purement instrumental.

Le caractère distinct des personnes

Rawls résume ces contrastes entre la doctrine contractualiste et l'utilitarisme en deux formules : l'utilitarisme ne prend pas assez au sérieux la pluralité ni le caractère distinct des personnes et l'utilitarisme confond l'impartialité et l'impersonnalité. Pour comprendre ces accusations, il faut considérer les éléments du raisonnement adopté par l'utilitarisme. Pour cette doctrine, c'est le bien-être agrégé qui compte, pas la façon dont il est réparti. Le spectateur externe impartial effectue ainsi pour l'ensemble de la société un calcul qui

1. TJ, p. 56.
2. TJ, p. 56.

ressemble à celui que chaque individu effectue pour les différents moments de sa vie : par exemple qu'il est rationnel de m'imposer un sacrifice aujourd'hui pour une plus grande satisfaction demain.

Alors qu'il est non seulement rationnel mais aussi parfaitement légitime pour un individu de mettre en balance pertes et gains présents et futurs, et de décider de leur répartition dans le temps de façon à produire un contentement total maximum, il ne semble pas légitime de sacrifier certains individus pour un plus grand contentement total dans la société. La volonté de sollicitude impartiale à l'égard de chaque personne est ainsi remplacée par une maximisation *impersonnelle* du bien-être agrégé.

Je peux décider de manger tous les jours des pâtes pendant une longue période pour me payer un somptueux repas dans un restaurant de luxe, si le contentement produit par ce seul repas rend ce choix rationnel. Nous n'envisageons cependant pas de la même manière le cas d'une série de personnes réduites à manger des pâtes pour qu'une seule effectue un somptueux repas. Or Rawls estime que, pour ce qui est de la justice distributive, l'utilitarisme porte le même regard moral sur les deux exemples : « Le trait saillant de la conception utilitariste de la justice est que, sauf indirectement, la façon dont la somme totale des satisfactions est répartie entre les individus ne compte aucunement, pas plus que ne compte, sauf indirectement, la façon dont un homme répartit dans le temps ses satisfactions » [1].

L'utilitarisme accepte ainsi d'accorder à un groupe d'individus (la société) un statut moral que le contractualisme et la théorie rawlsienne réservent au seul individu. Alors que le contractualisme considère que les groupes d'individus ne sont objet d'intérêt moral que si, et dans la mesure où, ils affectent les individus qui les composent, l'utilitarisme considère que c'est « la société » qui doit être plus heureuse. C'est en ce sens que l'utilitarisme en vient à confondre l'impartialité requise par la justice avec une sollicitude impersonnelle. Le contractualisme a une conception différente de l'impartialité :

> Au lieu de définir l'impartialité par le point de vue de l'observateur doué de sympathie, nous la définissons à partir des individus en conflit. Ce sont eux qui doivent choisir leur conception de la justice une fois pour

1. TJ, p. 51.

toutes, dans une position originelle d'égalité. Ils doivent décider d'après quels principes leurs revendications les uns à l'égard des autres doivent être arbitrées, et celui qui a à arbitrer leurs revendications agit en leur nom [1].

Rawls conclut donc : « Le défaut de l'utilitarisme consiste à confondre l'impartialité avec l'impersonnalité » [2].

Nous avions commencé par mettre en exergue les bases individualiste du calcul utilitariste. Rawls montre cependant qu'en étendant à toute la société le principe de choix valable pour un individu l'utilitarisme n'est *pas assez individualiste* :

> Ici nous pouvons noter une anomalie curieuse. Il est habituel de considérer l'utilitarisme comme un individualisme et il y a certainement de bonnes raisons pour le faire. Les utilitaristes étaient de solides défenseurs de la liberté politique et de la liberté de pensée, et ils affirmaient que le bien de la société est constitué par les avantages dont jouissent les individus. Cependant, l'utilitarisme n'est pas un individualisme, du moins pas quand on l'envisage à partir de l'enchaînement de pensée le plus naturel ; car, alors, traitant tous les systèmes de désir comme un seul, il applique à la société le principe de choix qui est valable pour un individu [3].

Pour résumer, donc, le fait que la perspective utilitariste ne reste pas individualiste de bout en bout a, selon Rawls, pour conséquence que cette doctrine présente un défaut majeur *en tant que théorie de la justice* : la doctrine utilitariste n'est pas sensible au problème de la distribution du bien-être entre les individu ; pourvu que la somme des utilités soit supérieure dans le premier cas, une distribution très inégalitaire doit être préférée à une distribution égalitaire. Ceci entraîne que certains individus puissent être sacrifiés au profit du plus grand bien-être total.

La construction de la position originelle sur le modèle contractualiste vise à éliminer ce défaut et à dériver des principes auxquels *chaque* individu dans la société puisse consentir. Rawls estime que l'adoption d'une procédure contractualiste a pour effet le refus du

1. TJ, p. 219.
2. TJ, p. 219.
3. TJ, p. 55.

calcul utilitariste (les individus potentiellement sacrifiés ne pourraient apporter leur consentement). Cette procédure a par ailleurs une autre vertu encore plus fondamentale : elle permet de rivaliser avec la théorie utilitariste en lui apportant une réponse rigoureuse, qui présente et lie de façon systématique une conception des caractéristiques inhérentes à la personne et aux sociétés humaines à une théorie de la justice sociale.

Avant de nous tourner vers la position originelle, il est utile de noter pour finir le lien entre l'affirmation par Rawls du caractère distinct des personnes et l'accent mis sur la délibération démocratique. C'est en effet principalement parce qu'elle respecte le caractère distinct des personnes, la pluralité des individus ayant des fins séparées, que la théorie du contrat social constitue pour Rawls « la base morale qui convient le mieux à une société démocratique » [1].

LA POSITION ORIGINELLE

Pour mettre les acquis de la tradition contractualiste de réflexion sur la justice au service de la délibération sur les principes démocratiques dans nos sociétés, Rawls va donc forger un outil de pensée équivalent à l'état de nature dans les théories du contrat social, à savoir la position originelle. Cependant la position originelle est construite de façon à mettre tout l'accent sur sa nature hypothétique du raisonnement :

> Dans la théorie de la justice comme équité, la position originelle d'égalité correspond à l'état de nature dans la théorie traditionnelle du contrat social. Cette position originelle n'est pas conçue, bien sûr, comme étant une situation historique réelle, encore moins une forme primitive de culture. Il faut la comprendre comme étant une situation purement hypothétique [2].

Voyons donc les éléments de l'exercice de réflexion auquel nous sommes invités.

---

1. TJ, p. 20.
2. TJ, p. 38 ; *cf.* aussi la note 5, p. 79, pour la référence à la théorie kantienne.

Imaginez que vous vous éveillez un jour ayant perdu l'usage de vos sens. Vous ne voyez ni n'entendez rien; aucune odeur ne vous renseigne sur ce qui vous entoure. Vous semblez également privé de l'usage de vos membres; vous ne pouvez effectuer aucun mouvement; la sensation même de l'existence de votre corps vous manque. Rapidement, vous vous rendez également compte que vous ne savez pas qui vous êtes. Aucun souvenir, même par bribes, de l'époque ou de la société qui sont les vôtres, de la personne que vous êtes, jeune ou vieille, croyante ou agnostique, riche ou pauvre, femme ou homme, faible ou fort, ayant ou non le goût de l'effort, un talent ou un don particulier, ne parviennent à votre conscience.

Votre esprit semble pourtant par ailleurs se mouvoir sans effort. Vous pouvez envisager certaines caractéristiques des sociétés humaines. Vous pouvez, par exemple, concevoir l'altruisme limité des hommes, par opposition à l'attitude entièrement désintéressée des saints. Il vous apparaît aussi que les intérêts varient d'une personne à l'autre, tout comme diffère la représentation que chacune se forme de l'intérêt des autres. Enfin, vous avez conscience de la rareté modérée des ressources terrestres, qui pose constamment la question des normes selon lesquelles ces ressources sont appropriées et réparties.

Quelqu'un vous dit alors: « Prenez votre temps et réfléchissez bien. Vous allez vivre toute une vie dans la société dont vous aurez vous-même choisi les *principes politiques essentiels*. Vous ne pourrez par contre pas choisir votre place dans cette société. Envisagez donc bien les conséquences de l'adoption des normes fondamentales que vous allez énoncer, pour chacune des personnes de cette société. Vous serez en effet l'une d'entre elles, n'importe laquelle d'entre elles ».

Cette expérience de pensée, c'est un peu celle à laquelle John Rawls invite chacun de nous dans sa *Théorie de la Justice*, même si ce n'est bien sûr pas la façon dont il la décrit lui-même.

Ce que Rawls nous demande, plus précisément, c'est de délibérer dans une *position originelle* de réflexion sur la justice définie par l'ignorance des caractéristiques spécifiques des parties au contrat, tout en retenant les connaissances que nous donnent les sciences humaines et sociales. Les parties dont nous envisageons la délibération sont ainsi placées derrière un *voile d'ignorance* qui les prive de certaines informations (celles qui fausseraient une perspective équitable sur les principes de justice). Commençons donc par envisager ce *voile d'ignorance*.

L'information ignorée dans la position originelle. Le voile d'ignorance et les conditions d'une réflexion équitable

Dans la position originelle de délibération sur les principes de justice les parties ignorent leur place dans la société, leurs qualités personnelles, leur sexe, etc. … Il s'agit donc d'éliminer les facteurs d'inégalité « moralement arbitraires », c'est-à-dire dont il serait inéquitable ou arbitraire qu'ils déterminent à quel point nous sommes bien ou mal lotis. Choisir les principes de justice sans l'influence de ces facteurs correspond à une perspective initiale équitable à l'égard de chaque personne. D'où l'expression *justice comme équité* : les principes de justice doivent être issus d'un accord unanime entre les parties, conclu dans une situation équitable.

Nous pouvons donc maintenant mieux saisir le sens de l'expression *justice comme équité* : la justice comme équité, c'est l'idée que les principes de justice doivent être issus d'un accord *conclu dans une situation équitable*. Il y aurait donc contresens à lire cette expression, comme le font certains critiques de Rawls, comme si la justice demandait à ce que toute les inégalités dites « moralement arbitraires » soient « réparées ».

Il est cependant un autre type d'information dont les parties délibérant derrière le voile d'ignorance sont privées, à savoir leur conception particulière du bien. Évidemment notre conception du bien ou de la vie bonne n'est pas « moralement arbitraire ». Cependant, compte tenu de la diversité des conceptions du bien et du juste, Rawls préconise une méthode de justification qui s'appuie sur des prémisses étroites et partagées par tous. Cette méthode est ainsi décrite dans les toutes dernières pages de la Théorie de la justice :

> [L]a justification est une argumentation qui s'adresse à ceux qui ne sont pas d'accord avec nous, ou à nous même quand nous sommes de deux avis différents. Elle suppose une opposition entre les conceptions des personnes (…). Étant conçue pour une réconciliation par la raison, la

justification procède de ce que tous les partenaires dans la discussion ont en commun[1].

C'est afin de ne procéder que de ce que les partenaires ont en commun par delà la diversité de leurs conceptions que Rawls définit un voile qu'il qualifie d'«épais», c'est-à-dire derrière lequel les parties ignorent même les idéaux des personnes qu'elles représentent. La seule information disponible sera donc constituée par les éléments partagés, à savoir les circonstance qui font, dans les sociétés humaines, que la justice soit à la fois nécessaire et possible, et la liste de certains biens dits *premiers*, en cela qu'ils sont instrumentaux quelle que soit notre conception du bien. C'est vers ces éléments que nous nous tournons maintenant.

L'information disponible : les circonstances de la justice et les biens premiers dans la théorie étroite du bien

Les parties dans la position originelle ignorent donc tout de leurs particularités personnelles et même de leur idéaux. Il leur faut toutefois bien quelques informations pour leur permettre de guider leur délibération. Quels sont donc les éléments qui leur sont donnés pour vous permettre de réfléchir ?

Les circonstances de la justice

Le premier type de caractéristiques dont les parties derrière le voile d'ignorance ont la connaissance sont les circonstances, tant sur le plan *objectif* (rareté relative des ressources par rapport aux besoins et aux désirs) que *subjectif* (générosité limitée des hommes) dans lesquelles la question de la justice a un sens (c'est-à-dire qu'elle est à la fois *possible* et *nécessaire*). Rawls reprend et résume ici les vues de David Hume sur les *circonstances de la justice* : «la bienveillance limitée et la condition nécessiteuse» des hommes rendent la justice indispensable «à l'intérêt public et à celui de chaque individu»[2]. Voyons ces circonstances de plus près :

---

1. TJ, p. 627.
2. Hume, *Traité de la nature humaine* (1739), Livre III : La morale, trad. fr. P. Saltel, Paris, Flammarion, 1993, p. 99.

– Si l'abondance de tout type de bien désirable était telle que chacun pouvait trouver satisfaction sans léser en rien aucun autre membre de la société[1], les principes de justice déterminant ce qu'il peut être attendu de chaque personne et ce à quoi chacune a droit seraient superflus. Ils le seraient tout autant si la pénurie était telle que toute tentative de coopération devenait illusoire : la question de la justice n'a donc de sens que dans des circonstances de rareté, mais de rareté *relative*.

– De même, si la nature humaine était devenue parfaitement altruiste *et uniforme*, si chacun prenait les intérêts des autres membres de la société aussi à cœur que les siens propres, *et les définissait de manière identique* (une sorte de communauté de saints unis par un même idéal), alors il n'y aurait guère besoin d'élaborer de normes de justice[2].

Ces deux types de caractéristiques sont source de conflits et demandent l'adoption de principes de justice. *Si* elles disparaissaient, alors ces principes n'auraient pas lieu d'être.

> [E]n résumé, on peut dire que les circonstances constituant le contexte de l'application de la justice sont réunies chaque fois que des personnes avancent des revendications en conflit quant à la répartition des avantages sociaux, dans des situations de relative rareté des ressources. En l'absence de telles circonstances, il n'y aurait pas d'occasion pour la vertu de justice, tout comme, en l'absence de menaces physiques, il n'y aurait pas d'occasion pour le courage physique[3].

La théorie étroite du bien et les biens premiers

Le second type d'informations dont disposent les parties derrière le voile d'ignorance concerne leurs attentes. De nouveau, ces attentes

---

1. Il s'agit d'une condition particulièrement difficile à satisfaire, puisque les biens désirables ne sont pas seulement matériels mais aussi symboliques (le pouvoir, par exemple).

2. De nouveau, cette condition ne semble pas devoir être satisfaite à l'échelle des sociétés humaines complexes. Même entre saints ou héros, nous rappelle Rawls, des conflits surgissent ; il suffit pour cela que ces saints ou héros n'acceptent pas le sacrifice de leurs intérêts idéologiques à ceux des autres. « Les idéaux spirituels des saints et des héros peuvent s'opposer de façon aussi irréconciliable que n'importe quels autres. Les conflits issus de la poursuite de ces idéaux sont les plus tragiques de tous » (TJ, p. 162).

3. TJ, p. 161.

ne peuvent être que celles qui sont communes à tous les individus. Ces expectatives communes, ces biens que tout individu a des raisons de désirer quelles que soient ses autres attentes, Rawls les qualifie de *biens premiers*. La connaissance de la liste des biens premiers derrière le voile d'ignorance constitue ce qu'il nomme une *théorie étroite du bien* (étroite puisqu'elle ne présume rien quant aux convictions et désirs *particuliers* des individus). « [U]ne fois qu'il est établi, dit Rawls, qu'un objet a les propriétés qu'il est rationnel pour quelqu'un ayant un projet rationnel de vie de désirer, alors nous avons montré que cet objet est bon pour lui. Et si certains types d'objets satisfont cette condition pour les êtres humains en général, alors ces objets sont des biens humains » [1].

Les biens premiers constituent donc la condition préalable à la réalisation de tout projet de vie. C'est justement pourquoi il est important que les institutions sociales en assurent la garantie. Quels biens relèvent donc de cette catégorie ?

La liste de ces biens utiles quel que soit notre projet de vie rationnel, telle qu'elle nous est donnée par Rawls, comprend en premier lieu les *libertés de base* (libertés politiques, liberté de pensée, de conscience, de mouvement, etc.), en second lieu les aspects sociaux économiques (répartition des *richesses, revenus, accès aux positions d'autorité et de responsabilité*) et enfin les *bases sociales du respect de soi-même*. Dans cette liste, la liberté et le sens de notre propre valeur, ou respect de soi-même, sont les deux biens humains fondamentaux, les autres biens servant normalement à la mise en œuvre de projets de vie : « la théorie étroite du bien que les partenaires sont censés reconnaître montre qu'ils devraient essayer de garantir leur liberté et leur respect d'eux-mêmes et qu'ils ont besoin, en général, d'une part plus grande des autres biens premiers afin d'atteindre leurs objectifs, quels qu'ils soient » [2].

Nous sommes maintenant en possession des éléments fondamentaux du raisonnement dans la position originelle, en particulier les contraintes qui la rendent équitable et la description des éléments qui caractérisent les sociétés et les biens humains en général. La section

---

1. TJ, p. 441.
2. TJ, p. 397.

suivante sera consacrée aux principes à l'adoption desquels conduit le raisonnement dans la position originelle ainsi conçue.

La justice sociale et son objet : la structure de base de la société et les deux principes de justice

Revenons à l'expérience de pensée exposée plus haut, pour signaler la spécificité de *l'objet* des principes de justice que vous êtes invités à choisir. Il convient en effet de noter que votre réflexion ne porte *que* sur les principes de justice sociale et politique. L'expérience de pensée à laquelle vous vous livrez n'a pas en effet pour but de dériver des principes moraux pour la conduite de l'ensemble de votre vie (la façon dont vous allez vous conduire avec vos amis, par exemple), mais seulement les principes recteurs de la communauté politique et des institutions sociales fondamentales dans laquelle va se dérouler votre vie. Ces principes articulent bien sûr des valeurs morales, mais il s'agit de valeurs qui constituent une conception politique et non une conception morale compréhensive ; ils s'appliquent aux questions politiques et sociales, et non à toute sorte de dilemmes moraux[1].

Cette différence apparaît peut-être mieux avec un exemple : une personne peut décider à un moment de sa vie de se convertir à une doctrine religieuse. Cette conversion entraînera très certainement d'importantes modifications dans sa conduite, ses engagements, etc. Mais la communauté politique qui est la sienne restera la même et, de ce point de vue, elle conservera les mêmes droits et les mêmes devoirs.

Les principes de justice *politique* dans la théorie rawlsienne s'appliquent donc aux institutions sociales, économiques et politiques fondamentales. Nous employons l'adjectif *juste* pour qualifier des actions et des institutions très diverses : non seulement les institutions politiques, mais aussi les actions individuelles au sein de groupes sociaux restreints ou d'associations privées. L'objet de la réflexion

---

1. Cette distinction entre théorie morale *compréhensive*, c'est à dire qui comprend l'ensemble des considérations morales, et théorie politique de la justice fait l'objet de précisions importantes dans le second livre de Rawls, *Libéralisme politique*. Le fait que les principes affectent un objet précis, à savoir les institutions politiques et sociales de la structure de base de la société, est toutefois un élément constant dans la théorie rawlsienne.

derrière le voile d'ignorance est cependant clairement *limité* aux préceptes concernant le fonctionnement des institutions fondamentales, prises dans leur ensemble.

Le terme employé par Rawls pour désigner les institutions essentielles et la façon dont, ensemble, elles répartissent les droits et les devoirs fondamentaux et déterminent la distribution des avantages sociaux est celui de *structure de base*. Les institutions qu'elle comporte sont essentiellement la constitution politique et les principales structures socio-économiques (organisation de l'économie, nature des relations familiales, etc.). « Si on considère [ces institutions fondamentales] *comme un système unique*, dit Rawls, elles définissent les droits et les devoirs des hommes et elles influencent leurs perspectives de vie, ce qu'ils peuvent s'attendre à être ainsi que leurs chances de réussite. C'est cette structure de base qui est l'objet premier de la justice *parce que ses effets sont très profonds et se font sentir dès le début* »[1].

C'est donc parce que la structure sociale de base détermine non seulement nos opportunités, mais même en partie le genre de personne que nous sommes que les principes de justice doivent s'appliquer à elle. C'est aussi pour cette raison que l'expérience de pensée de la position originelle est construite de sorte à pouvoir (au moins en partie) faire abstraction des effets des institutions sociales de base dans laquelle nous sommes situés à présent et à adopter la perspective de personnes qui y sont à une place différente de la nôtre.

Plusieurs aspects doivent en particulier retenir l'attention :

1) Commençons par noter que les institutions de la structure de base constituent, avec les aspects physiques de notre nature, l'élément *initial* qui affecte de façon fondamentale nos chances et opportunités pour le restant de nos jours : ce que nous pouvons nous attendre à devenir.

2) C'est la raison pour laquelle les principes de justice s'attacheront à examiner les aspects *distributifs* de la structure de base, en particulier en termes de biens essentiels. Le but est que personne ne soit privé de biens essentiels à une vie ayant un sens, du seul fait de sa place défavorable dans la structure de base.

---

1. TJ, p. 33, je souligne.

3) L'objet des principes de justice est donc ainsi clairement limité d'une nouvelle façon : nous attendons bien d'autres vertus des institutions (qu'elles soient efficaces, par exemple), mais c'est *seulement* la répartition adéquate des droits, devoirs, avantages et charges qui est déterminée par les principes de justice.

C'est pourquoi la conception de la justice sociale rawlsienne ne constitue pas un idéal social complet (bien qu'elle soit dérivée d'une conception plus large de coopération sociale idéale) : c'est une conception limitée à la structure de base. Pour autant, elle ne s'écarte pas entièrement des conceptions classiques de la justice, en particulier l'idée aristotélicienne d'excellence éthique applicable à l'ensemble des activités humaines. La conception rawlsienne de la justice publique constitue en effet le *cadre institutionnel commun* établissant des liens politiques entre des individus que tout sépare par ailleurs. Ainsi pour Rawls, les principes de justice élaborés pour une telle structure de base constituent-t-ils la pierre de touche, la condition nécessaire (mais non suffisante) à toute sociabilité harmonieuse.

4) Ces réflexions permettent d'ajouter un élément à la compréhension de l'affirmation selon laquelle la justice est la première vertu des institutions sociales. De même qu'un raisonnement erroné, pour élégant qu'il soit, demande à être modifié, les institutions de la structure de base, quelles que soient leurs autres vertus, efficacité, stabilité ou autre, demandent à être modifiées si elles sont injustes [1].

Rawls s'empresse toutefois de préciser que les différentes vertus des institutions sont liées. Trois éléments viennent en particulier s'ajouter à la justice distributive : la *stabilité* des institutions, leur *efficacité*, et leur *capacité à coordonner les activités des individus* de façon à ce qu'elles soient compatibles entre elles. Or «tandis que le rôle particulier des conceptions de la justice est de préciser les droits et le devoirs de base et de déterminer la répartition adéquate, la façon dont elles remplissent ce rôle affecte nécessairement les problèmes d'efficacité, de coordination et de stabilité» [2]. La justice est donc la première, mais en aucun cas la *seule* vertu des institutions sociales.

---

1. *Cf.* TJ, p. 30 ; c'est le sens à donner à l'idée selon laquelle la justice est la *première vertu* des institutions.

2. TJ, p. 32.

Elle apporte les conditions favorables aux autres vertus de la structure de base.

Lien entre la structure de base et les principes de justice

Avant de nous tourner vers les principes de justice, deux précisions transitoires restent à effectuer quant au lien entre ces principes et la structure sociale de base :

1) Les principes de justice ne s'appliquent pas à *chacune* des institutions de la structure de base séparément, mais à leur *jeu commun*.

2) Pour finir, signalons que si la structure sociale de base résulte bien de l'agencement des institutions en un système unique, ces institutions sont cependant de deux types, et jouent *deux rôles distincts* auxquels, comme nous le verrons dans la section suivante, correspondent les deux principes de justice.

Ainsi la première partie des institutions concerne-t-elle les aspects du système social qui définissent les *libertés fondamentales*, alors que la seconde partie est, elle, composée des aspects qui établissent la *distribution des biens socio-économiques* [1]. Ces deux rôles sont coordonnés et permettent de garantir les droits et les libertés fondamentales des citoyens, ainsi que le fait qu'ils reçoivent une part équitable des avantages et biens sociaux.

Concluons ici notre exposé de la structure de base : en un mot, son rôle est d'établir de justes conditions sur fonds desquelles se déroulent les activités individuelles et celle des associations ou communautés.

Les conditions dans lesquelles la réflexion s'exerce derrière le voile d'ignorance, tout comme l'objet des préceptes de justice, sont maintenant en place : nous sommes donc prêts à nous tourner vers les principes de justice eux-mêmes.

Déduction des principes derrière le voile d'ignorance

Le but de la délibération derrière le voile d'ignorance est d'identifier les termes d'un contrat qui s'appliquera à chacun des membres de la société. La personne effectuant cette délibération sait qu'elle sera l'un des membres de cette société, mais qu'elle ne pourra

---

1. TJ, p. 61/92 ; PL, p. 229/278.

pas choisir sa place dans la société. Les principes qu'elle choisira l'affecteront pendant tout le cours de sa vie (et, après elle, ses descendants). Ce sont donc les normes constitutionnelles à long terme de la société sur lesquelles porte la réflexion.

Les principes de justice ainsi déduits dans la position originelle doivent permettre de garantir la justice du contexte social dans lequel les individus et les associations poursuivent leurs buts particuliers. Une *division institutionnelle du travail* est par conséquent établie quant aux responsabilités respectives de l'État et des individus. Il revient à l'État de garantir la justice du contexte social dans lequel les individus sont libres de poursuivre leurs propres fins, isolément ou en association avec d'autres. Dans ce contexte de justice institutionnelle, les individus sont quant à eux responsables de leurs propres fins (il n'est pas du ressort de l'État de les rendre heureux, par exemple).

Il y a donc deux sortes de préceptes :
– les principes qui s'appliquent aux institutions de la structure de base et
– les principes concernant les individus, seuls ou en association privées avec d'autres.

Les premiers préceptes garantissent la justice du contexte dans lequel les transactions particulières peuvent prendre place : en ce sens (et en ce sens seulement) ils sont prioritaires. C'est pourquoi Rawls emploie l'expression de *priorité du juste* pour les principes qui définissent le système social à l'intérieur duquel les individus peuvent développer leurs objectifs. Ce contexte *à l'intérieur duquel* et *grâce auquel* les fins individuelles peuvent être poursuivies est défini par des principes de justice. Ces principes posent les *bornes* que la visée de nos fins doivent respecter et ils garantissent également les *moyens équitables* grâce auxquels la poursuite des fins individuelles est possible.

La possibilité d'un « ordre lexical » des principes

Nous avons vu plus haut que la liberté et le respect de soi-même constituent les biens humains fondamentaux. Qu'advient-il, cependant, lorsque la liberté est mise en balance avec d'autres biens ?

À cette question, Rawls répond en introduisant l'idée d'un *ordre lexical* des principes adoptés. L'idée est simple : si un principe x est prioritaire par rapport à un second principe y, alors la plus grande satisfaction de *y* ne compense en aucun cas la violation, même minime, de *x*.

Or Rawls considère que le raisonnement dans la position originelle amène à classer un premier principe d'égale liberté dans une position de priorité lexicale. Pour anticiper un peu, le second principe, qui gouverne la distribution équitable des autres biens sociaux et économiques, ne peut en aucun cas être satisfait au détriment du principe de liberté égale pour tous. Cette priorité accordée à la liberté garantit donc qu'elle ne soit jamais mise en balance avec les autres biens premiers.

Avec ces remarques sur la priorité du juste et la possibilité d'un ordre lexical des principes de justice, nous possédons les principaux éléments nous permettant de nous tourner vers l'exacte formulation des principes de justice déduits dans la position originelle.

Le premier principe : la priorité lexicale de l'égale liberté

Les pièces essentielles de l'édifice rawlsien sont maintenant en place. Revenons donc à l'expérience de pensée décrite plus haut. Dans la position originelle, les parties ignorent leurs circonstances personnelles et sociales dans la société, mais possèdent, nous l'avons vu, une liste de biens premiers : les libertés fondamentales, les bases sociales du respect de moi-même, une part des richesses et des revenus, et l'accès aux positions d'autorité et de responsabilité.

Devant cette liste de biens premiers, une première déduction s'impose, à savoir que les garanties nécessaires à l'exercice de ma liberté sont essentielles, car sans elles l'accès aux autres biens n'aurait que peu de valeur[1]. Les biens premiers socio-économiques (opportunités, richesse, revenu, …) peuvent être, dit-Rawls, décrits en termes de « valeur de la liberté » : leur distribution équitable garantit en effet que les droits qui se rapportent aux libertés fondamentales ne soient pas simplement formels. Cette conception place d'emblée les biens socio-économiques dans une position instrumentale pour l'obtention d'un bien prioritaire, la liberté.

---

1. Cette observation n'est valable qu'à partir d'un certain niveau de richesse de la société considérée. Or l'une des informations disponibles est que la société à laquelle les principes s'appliquent est caractérisée par les circonstances de la justice, au premier titre desquelles se trouve l'abondance relative des ressources.

Pour comprendre pleinement la priorité accordée dans la position originelle à la garantie des libertés fondamentales, il faut d'autre part également se souvenir que le voile d'ignorance nous prive de toute information non seulement quant à notre sexe, nos talents, ou notre place dans la distribution socio-économique, mais que nous ignorons aussi tout de nos convictions morales, philosophiques ou religieuses. Plus encore : de même que nous ne savons pas si nous serons l'une des personnes les plus démunies, nous ignorons aussi si nous serons membres d'une minorité vulnérable, du fait de ses valeurs, à d'éventuelles persécutions par la majorité.

Les personnes derrière le voile d'ignorance choisissant des normes pour gouverner leur société commencent donc, selon Rawls, par énoncer un premier principe garantissant leurs libertés civiles et des normes de tolérance. La formulation qu'il donne de ce premier principe est la suivante :

> Chaque personne a un droit égal à un schème pleinement adéquat de libertés de base égales pour tous, qui soit compatible avec un même schème de libertés pour tous [1].

La liste de ces libertés de base est la suivante : la liberté de pensée et la liberté de conscience, les libertés politiques et la liberté d'association, ainsi que les libertés incluses dans la notion de liberté et d'intégrité de la personne, droits et libertés protégés par l'État de droit – propriété personnelle et protection à l'égard de l'arrestation ou emprisonnement arbitraire [2]. Il est à noter que Rawls n'inclut pas le droit de propriété autre que personnel. En 1987, il précise dans l'édition française de la *Théorie de la justice* : « bien sûr, les libertés ne figurant pas sur cette liste, comme le droit de posséder certaines formes de propriété (par exemple les moyens de production), la liberté de contrat comme dans la doctrine du "laissez-faire", ne sont pas des

---

1. PL, p. 347. Cet énoncé diffère légèrement de celui qui est donné dans TJ (l'expression utilisée était celle de « système le plus étendue de libertés »). Il est préférable, dans la mesure où Rawls considère lui-même que cette formulation corrige certaines imprécisions conceptuelles de la version initiale (*cf.* PL, p. 391 *sq.*).

2. TJ, p. 92.

libertés de base et ainsi elles ne sont pas protégées par la priorité du premier principe » [1].

Second principe : sont injustes les inégalités qui ne bénéficient pas à tous

La formulation du principe d'égale liberté est assez proche de conceptions déjà familières. Le second principe de justice formulé par Rawls est par contre plus surprenant, puisqu'il revient à dire que les inégalités socio-économiques ne sont justes que si elles produisent des avantages pour les membres les plus désavantagés de la société. L'énoncé de ce principe est le suivant :

Les inégalités sociales et économiques doivent doivent satisfaire à deux conditions :

a) elles doivent d'abord être attachées à des fonctions et à des positions ouvertes à tous, dans des conditions d'égalité équitable des chances, et

b) elles doivent procurer le plus grand bénéfice aux membres les plus désavantagés de la société.

Le second principe de justice se dédouble donc à son tour en deux sous-principes, le premier centré sur l'égalité équitable des chances, et le second, dit *principe de différence*, qui gouverne la distribution des biens socio-économiques.

La raison pour laquelle la formulation de ce second principe, qui a suscité une abondante polémique, semble étrange, c'est que nous sommes habitués à deux positions antagoniques bien tranchées : pour simplifier beaucoup, la première préconise l'égalité et la seconde s'appuie sur des arguments d'efficacité économique, ou de propriété individuelle, pour la rejeter. Or Rawls parle de conditions attachées aux *inégalités* sociales et économiques, perspective inattendue et qui n'a satisfait ni les partisans de l'égalité, ni ses détracteurs.

Rawls nous invite ainsi à ne viser l'égalité *que* si le sort des plus démunis s'en trouve amélioré. Sa position est très subtile, puisqu'elle permet à *la fois* de conserver l'idéal égalitaire comme horizon normatif et d'éviter un dogmatisme amenant à égaliser même en l'absence de profit pour qui que ce soit (y compris les plus défavorisés).

---

1. TJ, trad. fr., p. 93.

Devant l'objection anti-égalitaire reposant sur l'efficacité économique ou sur le nivellement par le bas, la réponse de Rawls est donc la suivante : *si* le fait de consentir des inégalités bénéficie aux plus démunis, par exemple parce que la possibilité d'obtenir un salaire plus élevé fonctionne comme motivation, que l'économie fonctionne donc mieux et que même les plus défavorisés bénéficient de la richesse générale, de telle sorte qu'ils sont dans une meilleure position qu'ils ne le seraient dans une économie opérant selon un strict principe d'égalité, *alors* les inégalités sont justifiées. Il faut donc s'empresser d'ajouter : si tel n'est pas le cas, alors elles sont injustes. C'est d'ailleurs ce qui conduit à la formule suivante :

> L'injustice alors est simplement constituée par les inégalités qui ne bénéficient pas à tous [1].

Bien que la perspective adoptée par Rawls sur la justice sociale soit complexe, le test essentiel qu'il nous donne est donc simple : la justice d'une société se mesure au sort des plus mal lotis en son sein. La conception *générale* de la justice qui découle de cette perspective est ainsi exprimée dans la *Théorie de la justice* :

> Toutes les valeurs sociales – liberté et possibilités offertes à l'individu, revenus et richesse ainsi que les bases sociales du respect de soi-même – doivent être réparties également à moins qu'une répartition inégale de l'une ou de toutes ces valeurs soit à l'avantage de chacun [2].

Nous savons par ailleurs que la conception générale doit être complétée par des *règles de priorité*. La première, nous l'avons vu, s'applique aux libertés de base. À ceci vient s'ajouter une seconde considération de priorité, implicite dans l'ordre dans lequel les deux parties du second principe ont été énoncées, à savoir que l'égalité équitable des chances est antérieure (au moins dans la perspective générale) au principe dit « de différence » qui concerne les inégalités socio-économiques.

Ceci étant, l'idée générale reste inchangée : sont justifiées les inégalités qui sont à l'avantage des plus défavorisés. Ce que la priorité de liberté et la priorité de la juste égalité des chances signifient, c'est

1. TJ, p. 93.
2. TJ, p. 93.

qu'avant de nous tourner vers la distribution d'autres biens, nous devons nous concentrer sur les libertés, puis sur les chances données à chacun, en ne permettant que les inégalités de chances qui profitent à ceux qui en ont le moins.

Ceci se comprend mieux si nous réunissons la formulation initiale des préceptes et les conditions formulés. Nous nous trouvons alors devant l'esquisse complète des règles de justice sociale déduites dans la position originelle, règles qui peuvent maintenant se résumer ainsi :

1) Le premier principe garantit à chaque personne un droit égal aux libertés de base qui soit compatible avec un même schème de libertés pour tous. Ces libertés ne peuvent être limitées que pour garantir les mêmes libertés à tous. Une inégalité des libertés doit être acceptable pour ceux qui ont une liberté moindre.

2a) Selon le second principe, les inégalités sociales et économiques doivent être attachées à des fonctions ouvertes à tous dans des conditions d'égalité équitable des chances. Une inégalité des chances doit améliorer les chances de ceux qui en ont le moins.

2b) Les inégalités sociales et économiques doivent également procurer le plus grand bénéfice aux membres les plus désavantagés de la société. Cette condition est à son tour prioritaire par rapport à l'efficacité socio-économique qui ne profiterait pas aux plus mal lotis.

L'ordre lexical exige que le précepte 2b ne soit pas satisfait au détriment de 2a, et que l'ensemble du précepte 2 soit soumis à la priorité du principe 1 [1].

Véronique MUNOZ-DARDÉ
University College London

---

1. Pour le raisonnement complet concernant les questions de priorité des principes, *cf.* TJ, chap. 46. Les principes sont par ailleurs adoptés en situation d'« équilibre réfléchi », car ils sont confrontés à nos convictions, appliquées à des situations concrètes. En quelques mots, le fonctionnement de l'« équilibre réfléchi » est le suivant. En établissant un aller retour entre les principes abstraits et les jugements particuliers que nous appliquons à des situations déterminées (concrètes ou imaginaires), nous pouvons réexaminer les principes, ou réviser nos convictions. Nous parvenons ainsi à des principes politiques en harmonie avec nos convictions les plus arrêtées.

AXEL HONNETH ET LE RETOUR AUX SOURCES DE LA THÉORIE CRITIQUE

LA RECONNAISSANCE COMME « AUTRE DE LA JUSTICE »[1]

INTRODUCTION

Le philosophe allemand Axel Honneth a récemment intitulé un recueil d'études *Das Andere der Gerechtigkeit*[2], *L'autre de la justice*. Un tel titre implique à lui seul une prise de position dans le débat autour des théories[3] de la justice et il ouvre à la réflexion une voie alternative à ces théories, une voie qui autorise en même temps ce qui nous paraît bien être une rénovation, voire une renaissance de la philosophie sociale critique. Reprenant le concept de « philosophie sociale » tel que Horkheimer l'avait élaboré dès ses textes des années trente, au moment où il entrait en possession de la chaire, précisément, de « philosophie sociale » de l'Université de Francfort, Honneth

1. Ce texte a fait l'objet d'une première publication dans *Où en est la théorie critique ?*, E. Renault et Y. Saintomer (dir.), Paris, La Découverte, 2003. Je remercie les directeurs de cet ouvrage de m'avoir autorisé à reprendre mon texte ici.

2. A. Honneth, *Das Andere der Gerechtigkeit. Aufsätze zur praktischen Philosophie*, Frankfurt a. M., Suhrkamp, 2000.

3. Le pluriel indique ici qu'il ne s'agit pas d'un débat avec la seule *Théorie de la justice* de J. Rawls, mais d'une discussion plus générale du paradigme même de « la justice », tel qu'il est désormais en usage dans le domaine des théories de la société à prétention normative. C'est cette prétention normative de la théorie sociale que Honneth entend fonder autrement, de telle sorte que la théorie de la société ne se contente pas de seulement *revendiquer* une dimension critique, mais en possède effectivement une.

entreprend de préciser le sens, la nature et les objets de la philosophie sociale aujourd'hui. Alors que Horkheimer se plaignait déjà de ne pouvoir donner, concernant la philosophie sociale, des «déterminations conceptuelles consistantes»[1], Honneth constate aujourd'hui encore la délicate posture et la «situation précaire»[2] de la philosophie sociale dans le champ contemporain de la philosophie pratique. Honneth relève notamment que, «dans l'aire germanophone, la philosophie sociale a de plus en plus assumé le rôle d'une discipline résiduelle»[3]. Relativement aux disciplines proches ou apparentées, telles la philosophie morale ou la philosophie politique, la philosophie sociale est parfois considérée comme une sorte de discipline tutélaire qui engloberait l'ensemble du champ pratique, ou alors comme un simple «complément normatif pour une sociologie procédant empiriquement»[4], à moins qu'elle n'apparaisse comme une entreprise chargée de produire un diagnostic sur le présent. Ce n'est pas le lieu de s'engager dans cette discussion, mais il est évident que l'on pourrait faire un constat très similaire à propos de la philosophie sociale en France : son statut et son domaine d'objectivité ne sont pas clairs relativement à la philosophie morale ou à la philosophie politique. Sans doute hésiterait-on également en France entre faire de la philosophie sociale une discipline englobante dépourvue de domaine propre et de spécificité, ou la réduire à une sous-discipline de la philosophie politique ou encore en faire le complément moral et normatif de la sociologie. Dans ce contexte de confusion, Honneth se propose de donner un objet clairement délimité à la philosophie sociale : il soutient et «développe la thèse qu'il y va d'abord dans la philosophie sociale d'une détermination et d'une caractérisation des processus de développement qui, dans la société, se laissent comprendre comme des développements manqués ou comme des perturbations, c'est-à-

---

1. Horkheimer, «La situation actuelle de la philosophie sociale et les tâches d'un Institut de recherches sociales» (1931), dans Horkheimer, *Théorie critique. Essais*, trad. fr. collective du Collège de philosophie, Paris, Payot, 1978, p. 67.

2. A. Honneth, «Pathologien des Sozialen. Tradition und Aktualität der Sozialphilosophie», dans *Das Andere der Gerechtigkeit*, *op. cit.*, p. 12.

3. *Ibid.*, p. 11.

4. *Ibid.*

dire comme des "pathologies du social" »[1]. Plus précisément, la tâche première ct principale de la philosophie sociale consiste à « diagnostiquer des processus sociaux de développement qui doivent être compris comme des préjudices portés aux possibilités d'une "vie bonne" pour les membres de la société »[2]. La philosophie sociale possède donc une double dimension : d'une part un côté *descriptif* visant à produire une compréhension des processus sociaux dits « pathologiques », c'est-à-dire entraînant une restriction des chances de mener une vie bonne dans la société, et d'autre part un côté *normatif* visant à déterminer positivement quels sont les critères des « formes réussies de la vie sociale »[3].

Quant à nous, nous pensons que si la tradition de la philosophie sociale critique non seulement n'est pas morte, mais peut même retrouver une actualité et rencontrer à nouveau l'intérêt du public, c'est en grande partie en raison de son caractère normatif qu'elle a toujours clairement assumé : le renouveau de la théorie critique de la société dépend largement du regain d'intérêt pour la philosophie morale et de la réouverture de la dimension normative longtemps victime des positivismes en tout genre. Dans ce contexte, il nous paraît important de trouver, précisément dans la théorie critique, les ressources permettant de conjurer les dérives moralisantes et subjectivistes auxquelles ne peut manquer de donner lieu la relance de l'interrogation normative. C'est pourquoi nous défendrons ici un point de vue philosophique indissociablement *pratique* et *social* : « pratique » sera pris ici en un sens qui dépasse largement le champ de la normativité morale subjective, et désignera ce qui relève de *l'agir* ou de *l'activité* comprise comme activité d'auto-réalisation – cela en tant que la société est à la fois le lieu où cette activité est, dans l'état actuel des choses, le plus souvent empêchée et entravée dans son déploiement, et pourtant en même temps le seul et unique lieu possible de son accomplissement, de son développement réussi, tant au plan individuel que collectif.

1. *Ibid.*, p12.
2. *Ibid.*, p. 13.
3. *Ibid.*

L'UNITÉ DU DESCRIPTIF ET DU NORMATIF

Seule l'unité de ces deux aspects, descriptif et normatif, de la théorie peut lui permettre de se présenter comme une théorie critique de la société. La théorie ne peut développer en effet une critique sociale, au motif par exemple que la société existante est marquée par des processus pathologiques qui ne permettent pas à la majorité de ses membres de mener en elle une vie réussie, – la théorie ne peut donc développer une telle critique qu'à la condition de disposer d'un certain nombre de critères qui lui permettent de dire, justement, ce qu'est une « vie réussie ». On voit aussitôt le risque que ces critères soient purement arbitraires et fassent l'objet d'une simple affirmation. On ne peut conjurer ce risque qu'à la condition que la théorie n'oublie pas son autre aspect, à savoir son aspect descriptif : la théorie doit être capable, comme dit Honneth, « d'indiquer empiriquement des formes efficaces de moralité auxquelles elle peut se rattacher »[1]. En d'autres termes, les critères normatifs en fonction desquels s'effectue, dans la théorie, la critique sociale, doivent pouvoir être empiriquement indiqués comme étant effectivement portés par des acteurs sociaux. Quant au fond, Horkheimer ne disait pas autre chose quand il écrivait que « la théorie dialectique n'exerce pas sa critique à partir de la seule idée pure, elle ne juge pas en fonction de ce qui est au-dessus du temps, mais en fonction de ce qui est dans le temps »[2]. Et c'est pourquoi « l'objectif d'une société selon la raison » n'a de sens pour la théorie critique que dans la mesure où « il est réellement inscrit dans l'esprit de tout homme »[3]. Une philosophie sociale critique se réclame donc de critères normatifs qui sont eux-mêmes immanents à la société et portés par des acteurs sociaux qui jugent la société existante et la place qui leur est faite en elle en fonction de ces critères. C'est pourquoi, disait Horkheimer, « la théorie critique n'a pour elle aucune autre instance spécifique que l'intérêt des masses à la suppression de

---

1. A. Honneth, « Moralbewusstsein und soziale Klassenherrschaft », dans *Die zerrissene Welt des Sozialen. Sozialphilosophische Aufsätze*, Frankfurt a. M., Suhrkamp, 1990, p. 182.

2. Horkheimer, *Théorie traditionnelle et théorie critique*, trad. fr. C. Maillard et S. Muller, Paris, Gallimard, 1974, p. 90.

3. *Ibid.*, p. 91.

l'injustice sociale »[1]. Et pourtant, en même temps, Horkheimer ne partageait déjà plus l'idée de Lukacs selon laquelle les critères normatifs de la critique sociale étaient portés concrètement et incarnés de façon immanente par le prolétariat, c'est-à-dire l'idée selon laquelle le prolétariat était le *sujet* de la critique sociale, susceptible de faire de cette critique une arme, dans la mesure même où il était l'*objet* le plus réifié de la réalité sociale existante. Horkheimer était quant à lui déjà le témoin de l'intégration des classes laborieuses au cadre institutionnel du capitalisme avancé – ce qui devait le conduire à former le concept d'un monde totalement administré et à renoncer à l'idée que le potentiel normatif de la critique puisse encore être porté par une classe sociale spécifique.

Ce que Honneth veut cependant retenir du programme de théorie critique tel que formulé dès 1931 par Horkheimer, c'est l'idée que la philosophie sociale doit posséder un caractère empirique et descriptif qui permette de la préserver de la tentation métaphysique d'absolutiser un seul et unique « Sujet » de la critique, ou d'aborder la réalité sociale sous l'angle d'une seule catégorie considérée comme centrale et paradigmatique, par exemple la catégorie du « travail ». L'attitude de Honneth relativement à la catégorie du « travail » est d'ailleurs excmplaire ici, puisqu'il s'agit pour lui de résister à l'absolutisation de cette catégorie, sans renoncer pour autant à en faire un usage empirique permettant de mettre au jour les attentes normatives, notamment les attentes en matière d'*estime* sociale, que les agents associent à leur participation à la sphère du travail social. Honneth écrit ainsi que « d'un côté, le processus du travail social ne doit plus être exalté en tant que tel comme un processus émancipateur de la conscience – comme c'est encore le cas dans la tradition du marxisme occidental –, mais d'un autre côté, il faut cependant qu'il reste également intimement impliqué dans les rapports moraux empiriques de sorte que son rôle pour le maintien de la reconnaissance sociale ne puisse pas être perdu de vue »[2]. Honneth entend donc bien préserver l'idée selon

---

1. *Ibid.*, p. 80.

2. A. Honneth, « Die soziale Dynamik von Missachtung », dans *Das Andere der Gerechtigkeit*, *op. cit.*, p. 105 ; « La dynamique sociale du mépris », trad. fr. R. Rochlitz et C. Bouchindhomme (dir.), dans *Habermas. La raison, la critique*, Paris, Le Cerf, 1996, p. 234 (traduction modifiée).

laquelle la philosophie sociale doit avoir une dimension empirique et descriptive : il se demande ainsi « comment les catégories d'une théorie de la société doivent-elles être constituées de sorte que cette théorie puisse déchiffrer des formes de moralité efficaces empiriquement »[1]. Cette attention portée aux processus sociaux tels qu'ils se déroulent au plan de l'expérience individuelle et collective est manifestement chez Honneth un héritage du programme initial de travail que Horkheimer avait esquissé dès 1931 lors de la fondation de l'« Institut pour la recherche sociale ». On se souvient par exemple que Horkheimer appelait de ses vœux une philosophie sociale qui soit « suffisamment ouverte au monde pour se laisser influencer et transformer par le développement des études concrètes » : « aujourd'hui, disait-il encore, il s'agit d'organiser (…) des investigations auxquelles se joignent des philosophes, des sociologues, des économistes, des historiens, des psychologues dans une durable communauté de travail »[2]. Honneth considère certes que Horkheimer lui-même, et Adorno avec lui, n'ont pas réalisé ce programme dans leur propre travaux et qu'il l'a davantage été par des auteurs comme Benjamin, Neumann ou Fromm se situant sur ce que Honneth appelle « la périphérie » de l'École[3]. Et si Honneth déclare « ne pas croire que le programme de recherche initial [de l'Institut] mérite encore d'être poursuivi sans interruption »[4] et en continuité directe avec les plans d'origine, il s'agit néanmoins pour Honneth de se réinscrire dans une perspective qui, seule, peut permettre que la démarche critique de la théorie ou de la philosophie sociale trouve dans la société elle-même des relais pratiques ou des acteurs, c'est-à-dire des sujets de cette même critique qui soient des sujets agissants. Par « théorie critique de la société », il est bien question pour Honneth, comme il le dit luimême, « d'une sorte de théorie sociale qui partage une forme déterminée de critique normative avec le programme d'origine de l'École

---

1. A. Honneth, « Moralbewusstsein und soziale Klassenherrschaft », *ibid.*, p. 184.

2. Horkheimer, « La situation actuelle de la philosophie sociale et les tâches d'un Institut de recherches sociales » (1931), dans *Théorie critique. Essais*, *op. cit.*, p. 75.

3. A. Honneth, « Kritische Theorie. Vom Zentrum zur Peripherie einer Denktradition », dans *Die Zerrissene Welt…*, *op. cit.*, p. 26.

4. A. Honneth, « Die soziale Dynamik von Missachtung », dans *Die Andere der Gerechtigkeit*, *op. cit.*, p. 88 ; trad. citée, p. 215 (traduction modifiée).

de Francfort, et peut-être même avec la tradition de l'hégélianisme de gauche : à savoir, une sorte de théorie sociale qui est capable d'indiquer l'instance préscientifique dans laquelle son propre point de vue critique est ancré, de manière extérieure à la théorie, en tant qu'intérêt empirique ou en tant qu'expérience morale »[1]. C'est en effet très exactement ce que Horkheimer voulait dire lorsqu'il écrivait que la théorie critique « n'a pour elle aucune autre instance spécifique que l'intérêt des masses à la suppression de l'injustice »[2], de telle sorte qu'inversement et en retour, la théorie critique est « un facteur indissociable de l'effort historique pour créer un monde adéquat aux besoins et aux facultés de l'homme »[3]. On comprend dans ces conditions en quel sens Axel Honneth rappelle que, « parmi les disciples de gauche de Hegel, donc de Karl Marx jusqu'à Georg Lukacs, il allait de soi que la théorie de la société ne pouvait soumettre son objet à une critique que dans la mesure où elle parvenait à retrouver en lui un élément de son propre point de vue critique en tant que réalité sociale effective »[4]. Cet élément ne peut certes plus être un Sujet social unique, tel « le prolétariat », porteur d'une mission historique particulière[5], mais il peut fort bien s'agir en revanche d'une multiplicité d'expériences de subjectivation qui ont ceci de particulier qu'elles témoignent d'un intérêt pour l'émancipation, ne serait-ce même que sous la forme négative d'une plainte contre des conditions sociales qui ne permettent pas une subjectivation réussie, c'est-à-dire un rapport positif à soi-même.

LA CRITIQUE DU FORMALISME

Toujours dans la perspective de la théorie critique telle que formulée initialement par Horkheimer, Honneth rappelle que « la théorie doit constamment penser en même temps aussi bien sa naissance dans une expérience pré-scientifique que son utilisation

---

1. *Ibid.*, p. 88-89 ; trad. citée, p. 216 (traduction modifiée).
2. Horkheimer, « Théorie traditionnelle et théorie critique », *op. cit.*, p. 80.
3. *Ibid.*, Appendice, p. 84.
4. A. Honneth, « Die soziale Dynamik von Missachtung », *op. cit.*, p. 89 ; trad. citée, p. 217 (traduction modifiée).
5. Cf. *ibid.*, p. 90 ; trad. citée, p. 218.

dans une *praxis* à venir »[1] : ce n'est là rien d'autre qu'un rappel de ce que Horkheimer désignait comme « l'incompatibilité entre la théorie critique et l'opinion idéaliste selon laquelle cette théorie elle-même serait en quelque sorte au-dessus de l'humanité et qu'elle pourrait avoir une croissance propre »[2]. La théorie ne peut se réclamer d'un intérêt pré-théorique et pré-scientifique à l'émancipation et en retour influer cette pratique émancipatrice qu'à la condition de renoncer à toute illusion d'autonomie de l'activité théorique. Aussi la démarche critique est-elle celle qui renonce volontairement à occuper une quelconque position de surplomb ou d'extériorité à l'égard de son objet, en l'occurrence à l'égard de la société elle-même. Une position d'extériorité conduit inévitablement en effet au *formalisme* dont la contrepartie est un rapport à l'objet que Lukacs caractérisait comme un « rapport contemplatif immédiat »[3] : cette attitude contemplative, immédiate et extérieure nous semble célébrer son grand retour avec les diverses théories de la justice mises sur le marché depuis Rawls. Ces théories – nous pensons particulièrement ici à Rawls et à Walzer, malgré tout ce qui les sépare – partagent ce que Lukacs appelait en son temps « les limites méthodologiques des systèmes conceptuels abstraits et formellement rationalistes », la principale des dites limites étant qu'ils « rendent méthodologiquement impossible le dépasse-ment de la simple facticité des faits »[4]. En d'autres termes, ce qui prévaut ou risque de prévaloir dès lors que l'on adopte un point de vue extérieur et formel, ce sont ce que Lukacs appelait « les habitudes de penser et de sentir de la simple immédiateté, pour laquelle la forme de chose immédiatement donnée qu'ont les objets, leur existence et leur être-ainsi immédiats apparaissent comme ce qui est primaire, réel, objectif »[5]. Une théorie de la justice se propose de définir quels sont les biens sociaux primaires, puis de déterminer les règles et les principes en fonction desquels ces biens seront répartis et partagés

1. A. Honneth, « Die soziale Dynamik von Missachtung », *op. cit.*, p. 90 ; trad. citée, p. 217 (traduction modifiée).

2. Horkheimer, « Théorie traditionnelle et théorie critique », *op. cit.*, p. 78.

3. Lukacs, *Histoire et conscience de classe*, trad. fr. K. Axelos et J. Bois, Paris, Minuit, 1960, p. 198.

4. Lukacs, *op. cit.*, p. 195.

5. Lukacs, *op. cit.*, p. 194.

d'une façon équitable : en son principe, une théorie de ce genre se propose de déterminer les règles d'un calcul portant sur une répartition et une distribution équitables des biens, matériels et symboliques, qui sont produits par une société et qui circulent en elles. C'est ce formalisme du calcul qui paraît profondément remis en cause dans la perspective adoptée par Honneth, et cela pour des raisons qui étaient au fond déjà avancées par Lukacs : « la pensée rationaliste, disait Lukacs, en partant de la possibilité formelle de calculer les contenus des formes, rendus abstraits, *doit nécessairement définir ces contenus comme immuables* à l'intérieur de chaque système de relations en vigueur »[1]. Ce qui importait aux yeux de Lukacs, c'était de « voir que la voie vers la connaissance tant du qualitatif et du concret dans le contenu, que du devenir du contenu (…), est ainsi barrée par la méthode elle-même »[2].

Or, l'absence de prise en compte de l'ordre du qualitatif est précisément la caractéristique principale et la limite essentielle – d'où les autres découlent – d'une théorie de la justice qui aborde le social sous l'angle du calcul de l'équitable et de la juste répartition quantitative des principaux bien sociaux. C'est un point qu'Emmanuel Renault souligne lorsqu'il constate « que la problématique de la justice ne rend pas compte d'au moins trois caractéristiques de l'injustice qui s'éprouve dans une expérience d'aliénation : premièrement, de son aspect qualitatif, deuxièmement, de son aspect référentiel, enfin, de son aspect affectif »[3]. C'est justement pourquoi la problématique de Honneth n'est pas celle de la répartition quantitative des *biens sociaux*, mais celle des conditions qualitatives permettant de mener une « vie réussie »[4] dans une société donnée : cette problématique n'a en commun avec celle de la justice que le fait de posséder également une dimension normative ; pour le reste, elle en diffère totalement dans

1. Lukacs, *op. cit.*, p. 182.

2. *Ibid.*

3. E. Renault, « Philosophie politique ou critique de la politique », dans *Actuel Marx*, n°28, 2e semestre 2000, p. 109. D'E. Renault, voir aussi son ouvrage *L'expérience de l'injustice. Reconnaissance et clinique de l'injustice*, Paris, La Découverte, 2004, particulièrement (pour ce qui nous occupe ici) chap. I, 2, « Les apories de la justice sociale ».

4. *Cf.* A. Honneth, *La lutte pour la reconnaissance*, trad. fr. P. Rusch, Paris, Le Cerf, 2000, p. 208-209.

la mesure où elle se présente comme une problématique relevant davantage de la morale ou plutôt de « l'éthique » – l'éthique ou l'éthicité désignant ici « l'ensemble des conditions intersubjectives dont on peut prouver qu'elles constituent les présupposés nécessaires de la réalisation individuelle de soi »[1]. Ce concept d'éthicité possède une teneur normative forte, puisque c'est en fonction de lui que s'exerce la critique d'une réalité sociale existante ; mais, comme le souligne Honneth lui-même, ce concept « doit présenter un contenu matériel suffisant pour nous apprendre, sur les conditions de la réalisation de soi, davantage que ce que nous apporte le simple renvoi kantien à l'autonomie individuelle »[2]. Ce contenu est trouvé par Honneth dans les différents modèles de reconnaissance (la confiance, le respect et l'estime) qui définissent l'ensemble des conditions intersubjectives élémentaires qui sont requises pour que les membres d'une société puissent mener une « vie bonne » ou, comme dit aussi Honneth, une « vie réussie ». Mais ces conditions qualitatives de la vie bonne ne peuvent elles-mêmes être déterminées par la théorie que sur la base d'un diagnostic préalable, riche de contenu, des « pathologies du social », c'est-à-dire des expériences négatives faites par des acteurs sociaux confrontés à l'épreuve sociale du mépris[3], c'est-à-dire qui éprouvent l'absence des conditions intersubjectives élémentaires indispensables à la construction de soi.

Or, pour réaliser le diagnostic des pathologies sociales, il est nécessaire, selon Honneth, de disposer « d'un critère normatif qui soit plus englobant que celui d'une théorie formelle de la justice »[4]. Cette exigence tient au fait que les pathologies sociales échappent très largement au regard d'une théorie qui se préoccupe d'abord de la seule distribution des biens sociaux fondamentaux : une revendication de reconnaissance ou d'estime ne se formule pas seulement ni immédia-

---

1. A. Honneth, *La lutte pour la reconnaissance*, *op. cit.*, p. 207.

2. *Ibid.*

3. Sur l'analyse du mépris social, voir A. Honneth, « Die soziale Dynamik von Missachtung », *op. cit.* Voir également E. Renault, *Mépris social. Éthique et politique de la reconnaissance*, Bordeaux, Éditions du Passant, 2000. Qu'on nous permette de renvoyer aussi à l'Introduction (« L'épreuve sociale du mépris et le besoin de reconnaissance ») de notre ouvrage *Fichte et Hegel. La reconnaissance*, Paris, PUF, 1999.

4. A. Honneth, *Das Andere der Gerechtigkeit*, *op. cit.*, p. 7.

tement sous la forme de l'exigence d'une certaine répartition des biens sociaux, elle est une demande essentiellement qualitative portant sur des conditions qui doivent permettre un rapport positif à soi, une construction réussie de son identité. Il ne s'agit pas seulement là d'une demande de justice ou de réparation, mais d'une exigence morale porteuse d'une charge critique à l'égard de la société existante. Aussi Honneth écrit-il que, « dans le champ de la philosophie morale, il est recommandé d'effectuer un passage de ce genre à "l'autre" de la justice, parce que la teneur morale de relations sociales non consti-tuées juridiquement et pour ainsi dire affectives, ne peut être saisi de façon adéquate lorsqu'on se fonde uniquement sur le point de vue formel de l'impartialité »[1].

LE PARADIGME DE L'ACTIVITÉ ET LA CRITIQUE DU FÉTICHISME DES BIENS SOCIAUX

La proposition que fait Honneth d'un passage à « l'autre de la justice » nous semble réactualiser un aspect fondamental de la philo-sophie sociale critique telle qu'elle s'est constituée chez Marx pour se poursuivre entre autres avec le jeune Lukacs, puis avec Hokheimer. Et le moindre de ces traits n'est certainement pas une critique radicale du fétichisme des *biens* sociaux, réels et symboliques, – une critique qui s'effectue à partir du point de vue non-réifié des modalités de l'agir et du pâtir des agents sociaux eux-mêmes. Cette critique de toute théorie sociale se présentant comme une réflexion sur la nature des biens sociaux primaires et sur les principes de leur équitable répartition – cette critique, donc, s'appuie selon nous sur une thèse relevant de la « philosophie première » et de ce que nous n'hésiterons pas à appeler une *ontologie* dont le geste propre est d'interpréter le sens de l'être comme activité plutôt que comme substance. Cette « ontologie de l'agir » plonge ses racines loin dans la philosophie allemande, dans une histoire qui commence avec Leibniz, se poursuit avec l'Idéalisme allemand et aboutit à Marx. « Le communisme, écrivaient Marx et Engels, se distingue de tous les mouvements qui l'ont précédé jusqu'ici en ce que (…), pour la première fois, il traite consciemment

---

1. A. Honneth, *Das Andere der Gerechtigkeit, op. cit.*, p. 7.

toutes les conditions naturelles préalables comme des créations des hommes qui nous ont précédés jusqu'ici, qu'il dépouille celles-ci de leur caractère naturel et les soumet à la puissance des individus unis »[1]. Le point de vue « communiste » surmonte la distinction à la fois idéaliste et idéologique du naturel et de l'historique, c'est-à-dire l'opposition du donné et du produit : dans l'élément où se déroule la vie concrète des hommes, c'est-à-dire dans la société et dans l'histoire, il n'y a rien en définitive qui ne soit produit par l'activité des hommes eux-mêmes et qui ne puisse aussi bien être modifié et bouleversé par cette même activité. L'histoire et la société sont les lieux de déploiement de ce que Marx nomme « l'autoactivation »[2] (*Selbstbetätigung*), par où il faut entendre une activité qui est à elle-même sa propre fin, qui parcourt et traverse les individus et les groupes sociaux dont elle désigne l'activité de formation de soi et de « production de la vie matérielle » – même si ces deux dimensions de l'autoactivation sont, dans l'état actuel des choses, séparées, la production de la vie matérielle (c'est-à-dire le travail) se faisant aux dépens de la formation de soi[3].

1. Marx-Engels, *L'idéologie allemande*, trad. fr. H. Auger, G. Badia, J. Baudrillard et R. Cartelle, Paris, Éditions Sociales, 1968, p. 97.

2. La *Selbstbetätigung* nous paraît être chez Marx un concept philosophique fondamental que l'on peut interpréter comme une reprise tant de l'*actuositas* leibnizienne (caractéristique la plus propre d'une substance) que de la *Selbsttätigkeit* fichtéenne (caractéristique la plus propre du Moi). Notons que Hegel emploie le concept d'*Aktuosität* d'une manière telle qu'elle lui permet de synthétiser, dans « l'esprit » ou *comme* « esprit », à la fois l'*actuositas* leibnizienne et la *Selbsttätigkeit* fichtéenne : « Là où est l'esprit, le concept concret, l'apparition est elle-même l'essentiel. La différenciation de l'esprit est son acte, actuosité. Ce que l'homme est, c'est son acte, la série de ses actes, c'est ce pour quoi il s'est lui-même fait. De même l'esprit est essentiellement énergie et on ne peut à son propos faire abstraction de l'apparition » (Hegel, *Vorlesungen über die Philosophie der Weltgeschichte*, Bd. 1, *Die Vernunft in der Geschichte*, hrsg. von J. Hoffmeister, Hamburg, Meiner, 1994, p. 114). Il nous paraît que Marx hérite à son tour de cette synthèse hégélienne de l'énergie substantielle aristotélico-leibnizienne et de l'auto-activité kantienne-fichtéenne : la première est réinterprétée par lui comme activité *matérielle* de production, et la seconde est repensée comme *praxis* révolutionnaire. Pour de plus amples justifications sur ces points, qu'on nous permette de renvoyer à nos ouvrages *L'être et l'acte. Enquête sur les fondements de l'ontologie moderne de l'agir*, Paris, Vrin, 2002 (particulièrement chap. 4) et *La production des hommes. Marx avec Spinoza*, Paris, PUF, 2005 (notamment chap. 9).

3. *Cf.* Marx-Engels, *L'idéologie allemande, op. cit.*, p. 102-103.

Dès ses premiers commencements avec Marx[1], la philosophie sociale critique a diagnostiqué l'opposition entre le faire et les faits, entre le produit et le donné, entre l'activité et la passivité comme une caractéristique essentielle et remarquable de la situation sociale et historique présente, liée au mode capitaliste de production, à la propriété privée et à l'aliénation de la force de travail : en soi, la société est le lieu de déploiement d'une activité trans-subjective et relationnelle, mais dans les conditions actuelles, cette activité s'ignore elle-même, elle n'apparaît pas aux individus comme activité et encore moins comme *leur* propre activité. « Le travail, seul lien qui unisse encore les individus aux forces productives, a perdu chez eux toute apparence d'autoactivation et ne maintient leur vie qu'en l'étiolant »[2]. Les forces productives se sont détachées des individus, elles ont pris « une sorte de forme objective et ne sont plus pour les individus eux-mêmes les forces des individus »[3] : devenues indépendantes des *relations* des individus entre eux (les individus étant eux-mêmes réduits à l'état de propriétaires privés, donc sans relation les uns avec les autres, sinon de concurrence et d'opposition), les forces productives n'apparaissent pas aux individus comme le produit de leurs activités conjuguées, mais comme une réalité objective, inerte, extérieure à eux, comme un donné ou un fait s'imposant à eux. L'appropriation des forces productives par les individus unis, qui peut seule mettre un terme à cette situation, passe selon Marx par l'engagement d'une forme spécifique d'autoactivation, à savoir la *praxis* révolutionnaire du prolétariat. Cette dernière exige elle-même l'adoption du point du vue communiste selon lequel il n'y a rien dans l'histoire et dans la société qui puisse prendre la forme d'un donné naturel immédiat et immuable, dans la mesure où il n'y a pas d'être qui ne soit le produit et le dépôt d'un agir, et qui ne puisse être repris et transformé par cette activité.

C'est la même « opposition entre passivité et activité »[4] qu'analyse à son tour Horkheimer, précisant que cette opposition

---

1. Et quelques autres, particulièrement Hess (notamment dans *Sur l'essence de l'argent*) et Engels dès son texte publié en 1844 dans les *Annales franco-allemandes*, l'*Esquisse d'une critique de l'économie politique*.

2. *Ibid.*, p. 102.

3. *Ibid.*

4. Horkheimer, *Théorie traditionnelle et théorie critique*, trad. citée, p. 30.

« ne s'applique pas dans la même mesure à la société qu'à l'individu : tandis que celui-ci s'éprouve comme passif et dépendant, celle-là, bien que constituée elle-même d'individus, est un sujet actif, encore qu'inconscient et de ce fait inauthentique » [1]. La critique de la société vise en priorité ce caractère inconscient de l'activité sociale et se place dans la perspective d'une société qui organiserait consciemment et volontairement sa propre activité. La situation présente est ainsi comprise comme habitée d'une contradiction que Horkheimer décrivait en ces termes : « l'activité collective des hommes dans la société est le mode d'existence spécifique de leur raison ; en même temps, cependant, l'ensemble de ce processus et de ses résultats leur apparaît comme quelque chose d'étranger, (…) il prend figure de puissance naturelle immuable, de destin transcendant à l'humanité » [2]. En d'autres termes, dans l'état actuel des choses, la société est essentiellement caractérisée par l'activité, mais cette activité ne se sait pas comme telle, elle demeure inconsciente et les individus s'éprouvent comme socialement passifs, dépendants de puissances extérieures et étrangères qui les dépassent infiniment. Ce diagnostic est celui de la philosophie sociale critique dès son origine ; on le trouve par exemple formulé par Engels dès 1844 dans l'article qu'il donna aux *Annales franco-allemandes*, l'*Esquisse d'une critique de l'économie politique* : « Que doit-on penser, demandait-il, d'une loi [il s'agit de la loi de l'offre et de la demande] qui ne peut se réaliser que par des révolutions périodiques ? C'est tout simplement une loi naturelle fondée sur l'inconscience de ceux qui la subissent. (…) Produisez consciemment, comme des hommes et non comme des atomes isolés sans conscience générique, et vous échapperez à tous ces antagonismes (…) intolérables ; mais tant que vous persévérerez dans ce mode de production inconscient, contraire à la raison, livré au hasard, les crises commerciales subsisteront » [3]. La philosophie sociale critique commence par réintroduire le point de vue et la conscience de l'activité là où règne l'immédiateté d'un « être » social obéissant à des lois prétendument naturelles dont l'effet est de réduire les individus à

---

1. Horkheimer, *Théorie traditionnelle et théorie critique*, trad. citée, p. 30.

2. *Ibid.*, p. 34.

3. Engels, *Esquisse d'une critique de l'économie politique*, trad. fr. K. Papaioannou, Paris, Éditions Allia, 1998, p. 43-44, 45.

l'impuissance. « Car c'est seulement quand le noyau de l'être s'est dévoilé comme devenir social, écrivait Lukacs, que l'être peut apparaître comme un produit jusqu'ici inconscient de l'activité humaine, et cette activité, à son tour, comme l'élément décisif de la transformation de l'être »[1].

C'est pourquoi Hans Jonas nous semble voir juste quand il note que l'entreprise théorique d'Axel Honneth consiste en « un effort visant à fonder la philosophie pratique non pas sur un type d'action particulier (par exemple l'action communicationnelle) et sur la procédure formelle correspondante), mais sur une structure commune à tous les types d'action »[2]. En l'occurrence, cette structure commune à tous les types d'action peut être mise au jour, selon Honneth, à l'aide du paradigme de la lutte pour la reconnaissance : la lutte pour la reconnaissance ne serait pas une action *particulière*, mais le genre *commun* dont relèveraient les formes les plus diverses d'activités sociales. Selon Honneth, la lutte pour la reconnaissance exprime l'essence même de l'agir social en tant que tel, c'est-à-dire l'agir relationnel *intersubjectivement* structuré, de même que la quête non de reconnaissance (*Anerkennung*), mais de *connaissance* (*Erkenntnis*) exprime l'essence de l'agir orienté vers le monde *objectif*. Le genre de l'activité orientée vers la reconnaissance peut à son tour être divisé en différentes espèces, selon que l'agir du sujet vise l'obtention des conditions qui permettent la « confiance en soi », ou bien les conditions du « respect de soi », ou bien encore celles de « l'estime de soi ». Sans doute cette activité n'est-elle plus métaphysiquement hypostasiée en la *praxis* révolutionnaire d'un sujet historique remarquable, tel le prolétariat : elle est considérée comme l'activité de sujets sociaux irréductiblement multiples dont l'agir est orienté en fonction d'une quête de reconnaissance, c'est-à-dire par une recherche des conditions qui peuvent permettent de mener une vie réussie. Si Hans Jonas a raison de penser qu'il ne s'agit pas pour Honneth de privilégier un type particulier d'activité (comme l'activité communicationnelle chez Habermas), mais de mettre au jour une structure essentielle à l'activité sociale comme telle, il nous semble que dire cela – même si c'est juste –

---

1. Lukacs, « Qu'est-ce que le marxisme orthodoxe ? », dans *Histoire et conscience de classe*, *op. cit.*, p. 39.

2. H. Jonas, *La créativité de l'agir*, trad. fr. P. Rusch, Paris, Le Cerf, 1999, p. 94, n. 1.

ne suffit pas à prendre complètement la mesure de l'entreprise d'Axel Honneth, ni à lui rendre pleinement justice. Il faut pour cela davantage insister sur le fait que Honneth aborde fondamentalement la société par le biais de l'activité qui s'y déploie, et non pas sous l'angle des biens qui s'y produisent et s'y échangent – et qu'en faisant cela, il renoue avec l'inspiration originelle de la philosophie sociale critique dont Marx avait formulé dans les *Thèses sur Feuerbach* un principe de base : « toute vie sociale est essentiellement *pratique* » [1].

Honneth s'est d'ailleurs lui-même clairement et explicitement prononcé à la fois sur son rapport au paradigme communicationnel et sur sa relation au modèle dit de la « philosophie de la *praxis* ». Relativement au premier, il explique clairement, dans la « Postface » [2] de 1988 à son livre *Kritik der Macht*, qu'il s'agit pour lui de procéder à un « élargissement » ou à une « extension (*Erweiterung*) de la sphère de l'agir communicationnel » [3]. Cette extension a pour effet d'intégrer au paradigme de l'agir communicationnel « le moment négatif de la lutte », en tant que cette lutte entre les groupes sociaux et les classes en quête de reconnaissance engendre historiquement les ordres sociaux, c'est-à-dire « les formes d'organisation institutionnelles de la production et de l'État » [4]. Il ne s'agit donc pas pour Honneth d'intégrer l'agir communicationnel à une sphère plus englobante, ni de dire que la lutte pour la reconnaissance déborde et englobe l'agir communicationnel. La thèse de Honneth serait plutôt que la lutte pour la reconnaissance est une caractéristique essentielle de l'activité sociale en général. Une preuve de ce que la lutte pour la reconnaissance exprime la teneur essentielle de l'activité sociale serait que le modèle de la lutte pour la reconnaissance permet de surmonter le dualisme habermassien de l'agir communicationnel et de l'agir stratégique ou instrumental, du « monde vécu » (structuré communicationnellement) et des « systèmes » (orientés rationnellement en finalité). Un tel dualisme peut en effet être surmonté dès lors que les « systèmes » eux-mêmes (les

---

1. Marx, *Thèses sur Feuerbach*, dans *Œuvres*, t. III, Paris, Gallimard, 1982, p. 1033.

2. Je remercie E. Renault d'avoir rappelé ce texte à mon souvenir.

3. A. Honneth, *Kritik der Macht. Reflexionsstufen einer kritischen Gesselschafts-theorie*, mit einem Nachwort zur Taschenbuchausgabe, Frankfurt a. M., Suhrkamp, 1989, « Nachwort (1988) », p. 398.

4. *Ibid.*, p. 400.

formes institutionnelles d'organisation économique et politique) sont compris comme les résultats (provisoires et instables) d'une lutte entre groupes sociaux et classes, comme les produits des luttes passées et les enjeux des luttes actuelles et futures au moyen desquelles les groupes sociaux négocient et renégocieront l'organisation de la reproduction sociale. Le point de vue critique sur la société ne consiste dès lors plus à mettre au jour les distorsions que les systèmes font subir au monde vécu structuré communicationnellement, mais à pointer les obstacles qui s'opposent à ce que les individus ou les groupes sociaux fassent l'expérience de la reconnaissance, et qui maintiennent en conséquence l'activité sociale dans la négativité de la lutte.

En ce qui concerne son rapport à la philosophie dite de la *praxis*, Honneth explique que ce titre se rapporte à deux traditions philosophiques bien différentes : d'une part, on peut désigner par là « une tradition de pensée dans laquelle la constitution et la reproduction des sociétés sont présentées d'après le modèle – encore présent dans le concept de travail – d'une relation de l'homme avec lui-même »[1] ; Honneth considère que ce modèle d'une philosophie de la *praxis* relève clairement de la philosophie de la conscience et qu'il est effectivement atteint par la critique que Habermas en a faite en se plaçant à un point de vue communicationnel, en montrant notamment que la relation d'un sujet avec lui-même est toujours médiatisée par sa relation aux autres sujets. Mais une autre tradition de pensée peut également être désignée sous le titre de « philosophie de la *praxis* », et cette tradition-là, selon Honneth, n'est pas atteinte par la critique habermasienne du paradigme des philosophies de la conscience : il s'agit de « la tradition de pensée et de théorie sociale dans laquelle la constitution et la reproduction des sociétés doivent en dernière instance être expliquées au point de vue d'une théorie de l'action, et donc dans laquelle un concept de *praxis* – quelle que soit la forme qu'il prenne (travail, communication, etc.) – constitue le fondement et la base »[2]. Selon nous avec raison, Honneth ajoute aussitôt que « cette tradition théorique de "philosophie de la *praxis*" ne se laisse pas réfuter par les objections faites aux figures de pensée relevant de la

---

1. A. Honneth, *Kritik der Macht*, p. 401.
2. *Ibid.*, p. 402.

philosophie de la conscience »[1]. Un paradigme de l'action, et plus
généralement de l'agir et de l'activité, peut en effet être développé
indépendamment de tout ancrage dans une philosophie de la
conscience : d'abord parce qu'un agir ne présuppose pas nécessairement un sujet, mais peut au contraire le précéder et aboutir au sujet
ou participer de sa constitution comme sujet, de la formation de son
identité de sujet. Ce qui veut dire qu'une philosophie de l'action,
entendue dans le second sens, implique elle-même une critique des
philosophies de la conscience, notamment de l'idée que le sujet se
constitue comme tel soit dans un rapport de proximité immédiate de
soi à soi, soit dans un rapport réflexif avec lui-même. Là où une philosophie de la conscience ou bien pose une certitude immédiate de soi à
la source de la subjectivité, ou bien place le sujet dans un rapport
réflexif à lui-même, c'est-à-dire, dans les deux cas, privilégie les
attitudes contemplatives ou théorétiques, une philosophie de la *praxis*
en revanche pose qu'une certaine action (le travail, la communication,
etc.), qu'un rapport actif au monde et aux autres est premier et que
c'est seulement d'une telle activité que quelque chose comme la
conscience ou la subjectivité peut émerger.

Ce qui nous reconduit à la dimension « métaphysique » de la
philosophie sociale critique : elle interprète l'être social et, plus
généralement même, l'être tout court, c'est-à-dire l'être de l'étant en
général, à partir de l'activité ou *comme* activité. Dans une perspective
philosophique de ce type, l'être de l'étant est compris comme activité
ou énergie, plutôt que comme substance, ou plutôt : la substance elle-
même, l'*ousia*, est comprise comme *energeia*. Une thèse ontologique
de ce type fait plus qu'avoir des conséquences remarquables dans le
champ de la pensée sociale et politique, cette thèse est elle-même
directement politique, confirmant par là non seulement qu'il n'y a pas
de pensée politique authentique qui ne suppose une ontologie, mais
qu'une ontologie est toujours déjà elle-même une politique. « Se poser
soi-même, se produire et se reproduire soi-même, c'est cela justement
la *réalité* ; Hegel l'a déjà clairement reconnu et exprimé dans une
forme très proche de celle de Marx »[2]. Posant ainsi l'essence active et

---

1. A. Honneth, *Kritik der Macht*, p. 402.
2. Lukacs, « Qu'est-ce que le marxisme orthodoxe ? », dans *Histoire et conscience de
classe*, *op. cit.*, p. 35.

productive, auto-active et auto-productive de la réalité comme réalité effective, c'est-à-dire comme réalité produisant des effets, Lukacs rappelle et cite les propos de Engels : « l'économie ne traite pas de choses, mais de rapports entre personnes et en dernière instance entre classes ; mais ces rapports sont toujours liés à des choses et apparaissent comme des choses » [1]. Telle est bien la thèse ontologique de la philosophie sociale critique : le réel est activité et cette activité est relationnelle, elle consiste en une mise en rapport de termes (les individus, les classes) qui ne préexistent pas aux rapports qu'ils ont les uns avec les autres ; c'est l'activité les rapportant les uns aux autres qui est constitutive de leur être et qui précède donc cet être.

Lukacs n'avait certainement pas tort de considérer que « la pensée bourgeoise fige en choses solides les effets des relations des hommes entre eux » [2]. Bien qu'une expression de ce genre ne soit plus guère d'usage aujourd'hui, il y a cependant de bonnes raisons d'estimer que le paradigme de la justice en matière de théorie normative de la société relève bien de ladite « pensée bourgeoise », précisément en ce qu'il ne permet d'aborder les relations sociales qu'en les chosifiant en un certain nombre de biens sociaux dont il s'agit de savoir en vertu de quels principes ils seront les plus équitablement répartis dans la société. En passant à « l'autre de la justice », Honneth adopte au contraire à nouveau un point de vue immanent à l'action sociale elle-même en tant qu'activité essentiellement relationnelle.

Proprement constitués par cette activité relationnelle et transsubjective, les individus espèrent toujours faire une expérience positive de cette activité et trouver en elle les conditions d'une vie réussie – ce qui a lieu lorsque la part prise à l'activité débouche sur des expériences de reconnaissance. Mais lorsque l'agir social et l'activité relationnelle subissent des déformations systématiques, lorsque par exemple, pour le dire en termes marxiens, les relations sociales prennent la forme réifiée de la marchandise, alors les individus ne peuvent plus avoir de l'activité relationnelle qui les constitue en les traversant qu'une expérience négative : la part qu'ils prennent à l'activité sociale n'étant pas reconnue, ils font, sous la forme de la méconnaissance et du mépris,

1. Engels, *Commentaire à la Critique de l'économie politique de Marx*, cité par Lukacs, *ibid.*, p. 34.
2. Lukacs, *Histoire et conscience de classe*, *op. cit.*, p. 219.

l'expérience d'une restriction injustifiée de leur activité – la participation à l'activité sociale se transformant alors et contradictoirement en une expérience de la passivité, en l'épreuve d'un pâtir. Parce que leur participation à l'activité sociale comme activité relationnelle est la condition nécessaire – et cela dès le niveau élémentaire de la relation de *confiance* au sein du premier milieu de socialisation qu'est la famille [1] – d'une construction de soi réussie, les individus sont également profondément vulnérables justement sous l'angle des conditions intersubjectives de la construction de soi : une activité relationnelle perturbée et déformée par une série d'épreuves qui empêchent la construction de soi au sein de cette activité produit une déception de l'attente de reconnaissance et une restriction des chances de mener une vie réussie.

Si, comme le pense Honneth, le rôle de la philosophie sociale critique est de diagnostiquer les pathologies sociales, alors on voit que cette tâche suppose l'adoption d'un point de vue *immanent* à l'activité sociale elle-même, de manière à repérer les modalités *qualitatives* selon lesquelles ce que Marx appelait l'autoactivation (*die Selbstbetätigung*) vire à l'expérience d'une souffrance, c'est-à-dire se retourne en une épreuve de la passivité vécue comme une restriction systématique des chances d'une construction active et réussie de soi. Voilà qui distingue radicalement le point de vue d'une théorie sociale critique de la démarche d'une théorie de la justice qui adopte sur la société un point de vue extérieur, formel, objectivant, quantitatif et calculateur : ignorant le social en tant qu'il est traversé et constitué d'une activité transsubjective et relationnelle, on succombe alors à une réification de l'agir qui réduit la question de la justice à une enquête concernant les conditions et les principes d'une équitable répartition des biens sociaux jugés primaires ou fondamentaux par le théoricien lui-même bien plus que par les acteurs sociaux *en personne*.

Franck FISCHBACH
Université de Toulouse II

---

1. *Cf.* A. Honneth, *La lutte pour la reconnaissance*, *op. cit.*, p. 116-130.

INDEX THÉMATIQUE

PRÉSENTATION DES AUTEURS

Jean-François BALAUDÉ : Ancien élève de l'École Normale Supérieure, est professeur de philosophie ancienne à l'Université de Paris X-Nanterre, et directeur du Centre de Recherches sur les Philosophies Anciennes et leur Postérité. Ses travaux portent sur plusieurs auteurs antiques, d'Empédocle à Plotin (éditions commentées de Platon : *Hippias mineur, Hippias majeur*; d'Aristote : *Éthique à Nicomaque*, VIII-IX. Sur l'amitié; d'Épicure : *Lettres, maximes et sentences*; de Diogène Laërce : *Vies et doctrines des philosophes illustres*, livres VIII et X ainsi que de Plotin : *Traité 6*; *Le vocabulaire des présocratiques* et *Le vocabulaire d'Épicure*), et croisent des problématiques de théorie de la connaissance, de métaphysique et de philosophie morale (*Les théories de la justice dans l'Antiquité*; *D'une cité possible. Sur les Lois de Platon; Figures de l'universel*, avec B. Bensaude-Vincent et F. Guénard).

Franck FISCHBACH : Ancien élève de l'École Normale Supérieure de Fontenay Saint-Cloud, Professeur à l'Université de Toulouse Le Mirail, est historien de la philosophie allemande classique, de Kant à Marx. Il a notamment publié : *La reconnaissance. Fichte et Hegel*; *L'être et l'acte. Enquête sur les origines de l'ontologie moderne de l'agir*; *La production des hommes. Marx avec Spinoza*.

Jean-Christophe GODDARD : Professeur à l'Université de Poitiers, chercheur à ERRAPHIS/Université de Toulouse Le Mirail, coordinateur du Groupe d'Études Fichtéennes de Langue Française,

co-directeur de la collection «Europaea Memoria» (éd. Olms).
Publications : *La philosophie fichtéenne de la vie*; *Mysticisme et folie. Essai sur la simplicité*; *Fichte (1801-1813). L'émancipation philosophique*; *Fichte. La philosophie de la maturité (1804-1814)*, avec M. Maesschalck; *La Pulsion*; *Fichte. La Doctrine de l'État*, avec G. Lacaze.

Éléonore LE JALLÉ : Ancienne élève de l'École Normale Supérieure, Agrégée, Docteur en philosophie, enseigne actuellement au lycée M. Sorre (Cachan). Auteur de *Hume et la régulation morale* et *L'autorégulation chez Hume*.

Véronique MUNOZ-DARDÉ : Professeur de Philosophie à University College London. Elle a été Visiting Professor à Harvard et elle enseigne régulièrement en tant que Visiting Mills Professor à l'Université de Berkeley (Californie). Ses publications portent notamment sur l'idéal d'égalité, sur le contractualisme, sur le raisonnement pratique de type anti-conséquentialiste, sur la notion de responsabilité et sur la justice distributive. Elle est l'auteur de *La justice sociale : le libéralisme égalitaire de John Rawls*.

Isabel WEISS : Professeur agrégée, Docteur en philosophie, a publié *L'interprétation*; *La croyance*; *Expression et spéculation dans l'idéalisme hégélien*.

Patrick WOTLING : Ancien élève de l'École Normale Supérieure, Professeur à l'Université de Reims, membre du Centre Interdisciplinaire de Recherches sur les Langues, les Littératures, la Lecture et l'Élaboration de la Pensée (CIRLLLEP), a publié *Nietzsche et le problème de la civilisation*, *La pensée du sous-sol*, *Le vocabulaire de Nietzsche*, *Lectures de Nietzsche* avec J.-F. Balaudé, ainsi que les traductions commentées de plusieurs œuvres de Nietzsche : *Le gai savoir*, *Par-delà bien et mal*, *Éléments pour la généalogie de la morale*, *Crépuscule des idoles*.

TABLE DES MATIÈRES